교회 공동체는? 협동의 공동체입니다. 교회가 사회와 어떻게 '화목'할 수 있을까요? 어떻게 하면, 헐벗고 배고프고 아픈 이웃이 없도록 할 수 있을까요? '협동'이 열쇠말입니다. 「협동조합, 성경의 눈으로 보다」는 우리 교회가 잊고 있었던 당연한 진실을 일깨웁니다. 우리 교회의 협동조합 실천을 이끄는 친절한 길잡이입니다.

김현대 한겨레신문 선임기자, 「협동조합, 참 좋다」 저자

바야흐로 경쟁의 시대가 가고 협동의 시대가 도래하고 있다. 오늘 성경은 우리에게 이러한 협동의 시대에 동참하여 협동하라고 가르친다. 이 책은 구약성경에서부터 복음서를 거쳐 초대교회와 현대에 이르기까지 협동에 대한 성경의 가르침을 잘 설명할 뿐만 아니라, 신앙인들의 협동 정신과 기독교 협동조합의 역사적 본보기들을 제시해 거룩한 협동의 신앙적 상상력을 일깨워 준다. 성경과 기독교 신앙을 통해 거룩한 협동을 경험하길 원하시는 분들에게 꼭 필요한 책이다.

이원돈 부천 새롬교회 목사, 협동조합 떡카페 '달나라토끼' 발기인

최근 우리 사회에서 협동조합에 대한 논의들이 봇물 터지듯이 이루어지고 있다. 그러나 교회에서는 아직 협동조합이 생소하다. 다른 나라는 물론 우리나라에서도 협동조합의 발달은 기독교 사회운동의 발달과 맥을 같이한다고 할 정도로 기독교 정신에 바탕을 두고 있고, 실제로 1920-30년대

에는 농촌 재건을 위해 YMCA를 비롯한 기독교 단체가 앞장서 협동조합 운동을 벌였음에도 오늘날 협동조합이 교회와 무관한 듯이 여겨지고 있는 것은 매우 안타까운 일이다. 이러한 상황에서 이 책은 협동조합의 정신이 기독교 가치와 어떻게 연관되는지를 성경의 눈으로 보여주고 있기에 기독교인들이 반드시 읽어야 할 책이다.

정재영 실천신학대학원대학교 교수, 「한국 교회 10년의 미래」 저자

저자는 협동이라는 주제를 가지고 성경과 교회사를 훑는다. 그리고 결론에 이르러서는 이러한 이상을 실현할 수 있는 것이 현대에서는 '협동조합'이라고 한다. 미흡하지만 한국 교회에서도 협동조합에 대한 관심이 다시 일어나고 있다. 하지만 참고할 자료와 도서가 없는 것이 현실이다. 이러한 때에 이 책이 우리의 논의를 한 단계 높여줄 것이다.

조성돈 실천신학대학원대학교 교수, 기윤실 교회신뢰운동 본부장

하늘 나는 새와 들에 핀 백합화를 보십시오. 하나님께서는 모든 인간의 행복을 위한 풍성한 만찬을 이미 준비하시고 우리를 초대하셨습니다. 성경은 우리가 그 기쁨의 만찬을 온전히 함께 누리려면 서로 협동하고 공생해야 한다고 말합니다. 이 책은 성경에 담긴 그리스도의 음성을 통해 오늘날 협동조합 운동이 나아가야 할 방향과 그 소중한 가치를 깨닫게 해줍니다.

최혁진 한국사회적기업진흥원 사업운영본부장

협동조합에 대한 사회적 관심은 높아지고 있지만 정작 협동조합과 기독교와의 관계를 설명해 주는 책은 거의 없다. 이런 때에 「협동조합, 성경의 눈으로 보다」가 출간되는 것은 매우 시의적절한 일이다. 협동조합이 기독교 신앙과 무슨 관계가 있는지에 대해 궁금증이 있는 크리스천들에게, 협동조합 운동을 신앙고백으로 실천하려는 분들에게 필독을 권한다.

한경호 횡성영락교회 목사, 한국기독교생명농업포럼 대표

이 책은 "믿음은 행동이 증명한다"라고 말하는 우리 세대를 위한 안내서다. 저자는 하나님의 경제 원리가 담긴 진리의 보물 상자에서, 새롭고도 오래된 실험적 모델들을 꺼내 우리에게 제시해 준다. 그는 이제 막 회심한 사람의 열정을 품고 이 책을 집필한 듯하다. 겨자씨 한 알만큼일지라도 조금씩 맘몬의 신을 극복해 나갈 수 있는 희망을, 하나님 나라에 관한 예수의 비전 속에서 새롭게 발견했기 때문이다.

조너선 윌슨하트그로브 「하나님은 복으로 장사하지 않는다」 저자

협동조합,
성경의 눈으로 보다

앤드류 매클라우드 지음

홍병룡 옮김

아바서원

차례

한국어판 서문

—

내가 쓴 「협동조합, 성경의 눈으로 보다」가 한국어판으로 출판된다니 정말 흥분을 감출 수 없고 영광스럽게 생각하는 바입니다. 내 책이 한국인들에게 영감을 주어 더욱 정의롭고 공정한 경제를 세우는 데 기여하게 되길 바라는 마음입니다.

나는 한국 문화가 매우 협동적이라는 것을 알고 있기에 경제 정의에 대한 그리스도인의 관심과 협동의 정신이 융합되기만 하면 경제적 변혁을 가져올 수 있다고 봅니다. 아울러 내 책을 계기로 그리스도인들이 그들의 신앙과 이미 수많은 사람들이 참여하고 있는 협동조합 운동의 장점을 잘 결합시키기를 바랍니다.

한국은 '계'(契)라는 상부상조의 조직이 오랫동안 이어져 온 나라인지라 협동의 개념이 결코 낯설지 않습니다. 잘 알다시피 협동은 사회적 네트워크 내에서 돈을 융통하여 교육과 여가, 장례와 기업

활동에 운용합니다. 이것이 협동의 진수이지만 한국인은 한 걸음 더 나아갔습니다.

한국의 공식적인 협동조직은 다양한 사업 분야에 존재하고 있습니다. 예컨대 수십만 명의 조합원들이 아이쿱 코리아의 소유권을 공유하고 있고 여러 근로자 소유 협동조합들도 지원하는 중입니다! 새마을금고와 신용협동조합중앙회의 조합원들은 거의 75조 원에 달하는 자산을 보유하고 있습니다. 이 밖에도 건강관리, 임업, 농업, 어업 등의 분야에 협동조합들이 건재합니다.

내 누이는 경상대학교에서 여러 해 동안 영어를 가르쳤었습니다. 당시에 나는 한국을 방문하여 한국인이 얼마나 관대하고 친절한지를 몸소 체험했습니다. 낯선 사람에게 큰 환대를 받았던 적이 두 차례나 있었습니다. 한 번은 제주도로 가는 페리에서 훌륭한 서예가를 만나 그의 스튜디오를 구경했고, 지금도 우리 집에 걸려 있는 아름다운 작품을 선물로 받았습니다. 또 한 번은 서울에서 여행자 수표를 잃어버린 뒤에 선한 사마리아인을 만나 그녀의 부모를 소개받았을 뿐 아니라 호텔 숙박료까지 신세를 졌던 경험입니다! 이 같은 한국인의 관대함은 새로운 협동의 세계를 세우는 데 꼭 필요한 든든한 토대입니다.

우리는 현재 경제적으로 어려운 시대에 살고 있고, 세계적인 재정 위기는 다 함께 살아가는 또 다른 방식을 찾도록 촉구하고 있습니다. 협동의 경제를 통해 우리는 '자선'에서 '상호부조'로 이동할 수 있습니다. 성경은 사도행전에 나오는 모델("그중에 가난한 사람이 없었다", 행 4:34)과 같은 일반 원리들을 보여줍니다. 그리고 이 책에 나오는 역사는 성경적 원리를 바탕으로 오늘날의 탐욕적인 경제를 대신할 진정한 대안을 개발할 수 있다는 것을 보여줍니다.

나는 많은 한국인이 방금 언급한 협동조합들과 같은 조직에 이미 몸담고 있다고 확신합니다. 그래도 이 책이 협동의 실천에 필요한 아이디어를 제공하고 협동의 윤리를 더 잘 이해하도록 돕는 도구가 되길 바랍니다. 그리고 이 책의 원리를 실천에 옮기는 새로운 협동조합 출판사 아바서원을 도울 수 있어서 무척 기쁩니다.

끝으로, 용기를 내어 이 책을 읽게 된 당신께 감사드립니다. 이 책에 담긴 정보가 당신에게 도움이 되고 당신의 경제적 능력을 올바른 방향으로 이끌어 주길 기도합니다. 장차 한국의 그리스도인들이 그들 나름의 '거룩한 협동'을 개발하는 모습을 기쁨으로 지켜보고 싶습니다.

2013년 7월 1일
앤드류 매클라우드

머리말

-

세계는 우리에게 현 질서만이 세계경제를 유지할 수 있는 효과적인 체제라고 말한다. 그러나 그보다 나은 길이 있고, 이는 가능할 뿐 아니라 이미 여기에 있다. 협동적인 조직은 이미 수많은 사람들을 경쟁 위주의 경제에서 해방시키기 시작했고, 사랑과 정의를 가르친 예수의 교훈에 걸맞은 사회를 만들 수 있는 씨앗을 담고 있다.

본서는 매우 중요하지만 흔히 간과되는 기독교의 한 측면을 이해하려는 책이다. 우리는 개인의 행동방식 너머에 있는 공동체의 행동방식에 관한 성경의 가르침을 검토해야 한다. 이 조직의 방식은 '협동적'이란 말로 묘사할 수 있고, 오늘날 협동조합으로 알려진 조직과 많은 공통점이 있다. 이런 조직은 그것을 이용하는 사람들이 소유하는, 민주적으로 운영되는 사업체이다.

오늘날 전 세계에는 수억 명이 몸담고 있는 수많은 협동조합이 있다. 이를 모두 합치면 현 질서에 대한 강력한 대안이 될 수 있다. 협동조합은 단일 사업체나 가계의 형태를 띨 수 있고, 소비자 신용 조합과 건강관리, 교육과 농업, 제조와 유통, 소매 등을 아우르는 지역적 경제체제로 발전할 수도 있다. 이 조합들은 정부의 강제에 의지하지 않고도 부의 불공정한 분배 문제를 다루는 데 중요한 역할을 할 수 있다.

협동은 기독교 역사 가운데 큰 역할을 수행해 왔다. 심지어는 교회가 거대한 권력 기관이 되었을 때조차 일부 그리스도인은 변두리에서 일하며 예수가 가르친 협동적인 방식을 따랐다. 예수의 첫 제자들도 구약성경의 정의의 전통에 뿌리박은 공동체 생활을 영위했고, 이는 후대의 그리스도인들에게 많은 영감을 주었다. 예수는 하나님의 나라가 이미 우리 가운데 있다고 말씀했는데, 그 나라의 면모를 이해하는 하나의 열쇠가 바로 협동이다.

성경 이야기의 큰 그림을 보면 하나의 패턴이 눈에 들어온다. 더 많은 책임과 더 많은 자유를 향해 나아가는 움직임이 있고, 위험을 감수하고 실수를 저지르고 또 용서받을 수 있는 더 많은 기회가 존재한다는 것이다. 이 책에서는 우리에게 협동하라고 성경이 어떻게 가르치는지를 탐구하고, 그리스도인들이 그동안 이웃 사랑을 규범으로 삼는 협동적인 사회를 건설하기 위해 이룩한 업적들을 살펴볼 것이다.

성경이 말하는 협동에는 세 가지 측면이 있다. 첫째, 각 사람의 필요를 충족시키기 위해 자원을 자발적으로 나누는 일. 둘째, 권력이 어느 개인의 손에 집중되지 않고 다 함께 결정을 내리는 일. 셋째, 개인의 책임을 극대화하는 방식으로 공동 규율을 집행하는 일.

이제 나는 세 가지 점을 분명히 해야겠다.

첫째, 나는 이 책에서 개인적 행위의 옳고 그름을 다룰 생각이 없다. 성경 전체에 걸쳐 하나님은 우리에게 개인적인 행동지침에 해당하는 교훈을 상당히 많이 주셨다. 이런 교훈들을 해석하는 일은 이 책의 범위를 벗어난다. 나는 의사 결정 방법에 대한 성경의 전례에 관심이 있지, 그 결정 내용에 대해 논의할 생각은 없다. 협동의 핵심은 공동체가 무슨 결정을 하는지가 아니라 어떻게 다 함께 결정하는지에 있기 때문이다. 협동은 미지근한 수긍이나 무분별한 협조가 아니다. 오히려 협동은 황금률("무엇이든지 남에게 대접을 받고자 하는 대로 너희도 남을 대접하라")과 예수가 말씀한 두 번째 계명("네 이웃을 네 자신같이 사랑하라")으로 요약할 수 있다. 한마디로 경쟁의 반대말이다.

둘째, 리더십은 꼭 필요하다. 그러나 리더십이 타인들의 삶을 좌우하는 부유한 지배자들의 손에 들어가는 것은 심각한 문제이고, 이는 하나님이 싫어하시는 일이다. 그리고 교회의 영적 리더십과 경제 및 사회적 리더십을 구별할 필요가 있다. 이 책의 의도는 현대식 교회가 생기면서 상실한 에클레시아의 통전적인 측면을 되찾으려는 것이지 교회 자체가 오류에 빠졌다고 주장하려는 것은 아니다.

끝으로, 나는 교회가 신자와 불신자 간의 무비판적인 협력을 가르친다고 주장하지 않는다. 성경은 세상에서 구별된 사람들의 역사이기 때문이다. 하지만 동시에, 하나님은 타인들과 어느 정도의 협력은 하라고 격려하신다. 어쨌든 예수는 당시의 국외자들과 어울리는 것을 마다하지 않지 않았던가? 예컨대 사마리아 마을에서 이틀이나 머물렀고(요 4:39-41), 원수를 사랑하라고 가르쳤다(마 5:43-48). 성경의 가르침에 따르면, 우리는 남들과 평화로운 관계를 맺되 우리의 가치관을 타협하지 않으면서 구별된 입장을 견지하는 것이 옳다.

토대

이 책은 협동의 성경적 토대와 함께 시작한다. 「협동조합, 성경의 눈으로 보다」는 그리스도인들의 조직 방식에 변혁이 일어날 수 있음을 다루는 책인 만큼 기독교적 토대에 뿌리박고 있어야 마땅하다. 그렇다고 해서 내가 성경을 잘 모르는 독자들을 도외시하는 건 아니고, 그들 역시 이 책을 통해 기독교의 잠재력을 이해하게 될 것이다. 비그리스도인들도 주변에 그리스도인들이 있을 터이므로 성경과 기독교 역사에 관한 지식은 상호 간에 공감대를 형성하는 데 도움을 줄 수 있다. 앞에 나오는 네 장은 성경의 여러 부분을 다루고 있다.

1장에서는 사도행전에 초점을 맞추어 예수가 떠난 이후 그 제자들 사이에 발생한 최초의 조직을 다룬다. 여기서 나는 그들의 행습(行習)과 현대의 협동조합 운동 간의 유사점을 설명할 생각이다.

2장에서는 예수가 행한 사랑과 정의 사역의 토대가 되었던, 구약성경에 나오는 역사를 개관한다. 이 대목에서는 하나님의 백성이 협동적인 행습을 개발하고 상실하고 되찾는 이야기를 들려줄까

한다.

3장에서는 말과 모범을 통한 예수의 가르침을 돌아보되 사복음서에 나오는 집단적인 변화를 특히 부각시킬 것이다. 예수야말로 섬기는 리더십의 훌륭한 본보기였고 통치자 냄새를 풍기지 않은 위대한 지도자였다.

4장에서는 바울과 요한 같은 초기 지도자들이 쓴 여러 편지를 다룰 것이다. 이 글들은 기독교의 첫걸음을 상세히 묘사하고, 이후 교회로 발전하는 과정에서 보여준 협동적 성격을 잘 조명해 준다.

후대에 나타난 협동의 모습

이 책의 중반부는 성경 시대 이후 지난 20세기에 걸친 협동의 이야기를 다루고 있다. 그동안 사도행전에 나오는 것과 동일한 방향으로 조직화 작업을 수행한 실례는 상당히 많다. 이는 다양한 형태를 취한 만큼 간략하게 다룰 예정인데, 앞으로의 탐구를 위한 기반이 되기 때문이다.

여기서는 교회가 경제에 관여한 여러 방식은 물론이고 그리스도인들이 교회 바깥에서 여러 조직을 만든 방식들도 보여줄 것이다. 이 책에 담긴 개념들이 생소하게 다가올지 모르지만, 이 역사를 읽으면 사실은 성경보다 더 오래된 것이며, 그 모두는 예수의 가르침에 따라 살려고 했던 사람들이 만든, 줄줄이 이어지는 실과 같은 것임을 알게 될 터이다.

5장에서는 3세기에 시작된 수도원 운동을 살펴볼 텐데, 당시는 기독교가 로마제국 아래서 하나의 종교로 자리를 잡아가던 시기였다. 이 장은 소규모 평등한 모임들의 분권화된 네트워크에서 오늘날 가장 오래되고 거대한 세계 조직으로 발전한 로마가톨릭교회로 변신하는 과정을 고찰할 것이다.

6장에서는 중세에서 현대에 이르기까지 교회 내에 발생한 평신도 종교 공동체들을 다루되 공식적인 교회 내에서 생긴 공동체들과 교회의 세속 권력에 대한 반작용으로 급증한 공동체들을 모두 언급할 것이다. 또한 세속적 공산주의를 다루되 그것을 정의로운 사회질서를 이룩하려고 했던 기독교 내의 움직임(예, 해방신학 운동)과 연결시키려고 한다.

7장에서는 오늘날 많은 시사점을 제공하는 현대의 신앙 중심적인 협동을 살펴보게 될 것이다. 여기서는 인터넷으로 쉽게 조사할 수 있는 조직들에 일부러 초점을 맞출 생각이다. 최상의 본보기는 아닐지라도 좀 더 알고자 하는 연구자가 쉽게 접근할 수 있기 때문이다. 나는 소수의 본보기를 간단하게 살펴보겠지만, 사실 이 본보기들 하나하나를 책으로 묶어내도 무방할 것이다.

오늘을 위한 협동 작업

후반부에서는 오늘날의 상황을 다루고 있다. 이 부분은 성경에 묘사된 협동이 결코 예수의 가르침을 실행하는 고리타분한 방식이 아님을 보여줄 테고, 좀 더 평화롭고 정의로운 세상을 창조하는 방법에 대해 몇 가지 중요한 실마리를 제공할 것이다.

8장에서는 세계적인 협동조합 운동의 원칙들을 다루고, 기독교적 가치들 및 행습들과 비교하며 그 유사점과 차이점을 살펴본다.

기독교와 협동조합은 공통점이 많지만 서로 같은 것은 아니며, 그 간격을 메우려면 이 사실을 간과해서는 안 된다.

마지막 9장에서는 오늘날 우리가 직면한 문제들을 자세히 살펴보면서 어려운 경제문제들과 사회문제들을 다루기 위해 여러 모델들을 어떻게 확대하고 결합할 수 있을지 모색한다.

결론 부분에서는 협동조합 모델을 응용하는 방법과 관련하여 몇 가지 제언을 할 것이다. 이를 통해 독자들이 협동의 필요성을 인식할뿐더러 협동의 방법에 대해서도 명확한 개념을 얻게 되기를 바란다.

나를 소개하자면

나는 공식적인 의미의 성경학자가 아니다. 흔히 세속적인 문제로 여기는 협동조합을 연구하고 운영한 경력을 배경으로 이 글을 쓴다. 이 책을 통해 그리스도인들이 어떻게 서로 협동할 수 있는지, 그리고 협동조합과 같은 조직에서 어떤 유익을 얻을 수 있는지를 보여주고 싶다.

본서가 많은 연구와 탐구의 결과이긴 해도 이 복잡한 주제를 모두 섭렵할 수는 없다. 앞으로 더 연구할 여지가 있는 길을 비춰주는 안내자의 역할로 만족할까 한다. 나는 모든 저자가 나름의 편견을 갖고 있다고 믿는데, 독자 입장에서는 그 편견을 아는 것이 좋을 것이다. 이 때문에 내 신앙 여정을 간단하게 소개할까 한다.

나는 프로테스탄트 집안에서 자랐다. 우리 가족은 때때로 감리교회와 장로교회를 다녔지만, 나로서는 어느 교단이든 진리를 독점하고 있다는 인상은 받지 않았다. 심지어는 감리교인과 장로교인 간의 차이점조차 알지 못했다. 그럼에도 고등학교 시절에 기독교에 상당한 관심을 품게 되었고, 다행히도 질문을 잘하는 나를 격려해 준 청소년 담당목사들의 지도를 받을 수 있었다.

내 신앙은 점차 깊어져서 십대 시절에 마침내 내 인생을 그리스도께 헌신하기에 이르렀다. 하지만 많은 그리스도인은 내 질문에 별로 관심이 없다는 사실을 알게 되었다. 그 결과 대학 시절에는 종교를 해방의 걸림돌로 여겨 아예 흥미를 잃고 말았다.

대학 졸업 이후 30여 명이 공동으로 소유한, 민주적으로 운영하던 채식주의자 음식점 '뉴 리버사이드 카페'의 공동소유자가 되었다. 미네소타 반(反)문화를 표방하던 이 식당은 가톨릭 신부였던 윌리엄 테스카의 지도 아래서 1970년대에 개업했다. 당시만 해도 나는 세계에서 가장 위계적인 가톨릭교회의 사제가 왜 이런 비위계적인 조직을 창설했는지 묻지 않았다.

이후 10년에 걸쳐 나는 독특한 영적 요소를 지닌 협동조합에 갈수록 더 많은 열정을 품게 되었다. 하지만 수년 동안은 협동조합이 특정 종교와 연결되어 있다는 것을 보지 못했다. 그런데 점차 기독교의 가르침이 내가 하고 있는 일을 지지해 주고 있다는 생각이 들었다.

몇 년 전 나는 유대교 랍비 교육을 받고 있던 친구와 뉴멕시코의 어느 동굴에 갔다. 그곳에서 휴가를 즐기던 몇몇 이스라엘인을 만나게 되었고, 그 만남을 계기로 내가 하는 일을 전혀 새로운 각도에서 보게 되면서 마침내 기독교 협동조합에 관한 웹사이트를 만

들게 되었다.[1]

지난 2년 동안 나는 주로 복음주의 교회에 출석했는데, 복음주의 교회뿐 아니라 내가 방문한 다른 많은 교회도 공동체 건설에 큰 관심이 있음을 보고 깜짝 놀랐다. 예수를 따르는 이들 사이에 일어나는 일을 보고 나는 흥분을 감추지 못했으며, 나도 그들 가운데 한 명이라는 사실에 자부심을 느꼈다.

나는 성경의 가르침을 잘 설명하고 역사적으로 그리스도인 협동조합원들이 행한 활동을 정확히 묘사하려고 최선을 다했다. 오류가 전혀 없다고 장담할 수는 없지만, 공식적인 신학교육을 받지 않은 내가 피력하는 전반적인 메시지가 건전한 것으로 판명되기를 바랄 뿐이다.

나는 이 책이 이런 연구의 시발점에 불과하다는 것을 안다. 따라서 이 책의 내용을 최종적인 결론으로 받아들이지 않기를 바란다. 독자 여러분이 이 글을 즐겁게 읽고 도전받기를, 이것이 여러분에게 좀 더 협동적인 삶을 살도록 고무하고 격려하는 계기가 되기를 기대한다. 이 책을 읽기 시작한 당신에게 감사드린다.

거룩한 협동
성경적인 조직 방식

사도행전은 기독교의 기원에 대한 가장 포괄적인 기록으로서 민주적이고 자발적인 자원 공유에 관한 놀라운 이야기를 들려주고 있다. 신자들이 권력의 집중을 피하는 모습은 우리에게 큰 도전을 준다. 그 이야기가 지닌 기적의 측면을 제쳐놓는다 할지라도 거기에 나오는 사회적 변혁 자체가 일종의 기적으로 다가온다.

당신이 초기 그리스도인이었다면 사도행전의 첫 부분에 기록된 사건들에 참여하는 것이 어땠을지 상상해 보라. 성경이 가까이 있다면 이번 기회에 사도행전 1장에서 6장까지를 단숨에 읽어보라.

예수는 자기를 따르는 자들에게 오래도록 고대하던 메시아가 왔다는 확신을 심어주었지만, 그의 끔찍한 죽음은 그런 생각에 의심을 드리웠다. 그러고는 죽은 지 며칠 뒤에 갑자기 돌아왔다. 그분은 한 달도 넘게 여러 장소에서 자신을 신자들에게 보여준 후 별안

간 하늘로 올라가고 말았다. 사람들은 그 사건들을 생소하게 느꼈을 것이다. 그 모든 사건의 의미를 알려고 고심했고 예수가 다시 떠나는 바람에 실망했을 것이 분명하다.

일주일 남짓 지난 뒤에 예수의 제자들은 오순절이라는 추수 명절을 지키려고 모였다. 유대인이 오늘날까지 지키고 있는 큰 축제였다. 그날 기적이 일어났다. 하늘의 불이 각 사람의 머리에 임했고 자기도 모르는 언어로 말하기 시작한 것이다(행 2:1-13). 이는 특정한 개인이 특정한 사람에게 행한 대다수의 기적과는 달리, 공동으로 경험한 기적이었다는 점을 주목하라.

사태가 약간 잠잠해지자 예수의 제자였던 베드로가 굉장한 설교를 했다. 예수가 어떻게 예언을 성취했는지를 밝히고 청중들에게 하나님께 돌아와야 한다고 설파한 것이다. 그런데 아쉽게도 그 설교의 요지는 다음과 같이 간단하게 요약되어 있을 따름이다. "또 여러 말로 확증하며 권하여 이르되 '너희가 이 패역한 세대에서 구원을 받으라' 하니"(행 2:40).

이 메시지로 귀결되는 그의 설교는 26절에 불과한 만큼 몇 분밖에 걸리지 않았을 것이다. 어느 기준으로 봐도 결코 긴 설교가 아니다. 여기에 기록된 부분은 워밍업일 뿐 요점은 아니었던 것으로 보인다. 그 중간에 베드로가 무슨 말을 했든지 간에 그날 삼천 명이 회심한 것으로 보아 굉장한 설교였던 것이 틀림없다(행 2:41).

단 한 문장으로 요약하기에는 너무도 중요한 설교이지만, 안타깝게도 베드로의 메시지는 실종되고 말았다. 이 메시지의 내용을 추정하려면 약간의 노력이 필요하다. 다행히도 성경은 당시의 세

협동조합, 성경의 눈으로 보다

대가 길을 잃은 것으로 간주되었음을 시사하는 여러 실마리를 제공한다. 가장 중요한 실마리는 당시에 '그 도'(the Way)로 알려진 것을 믿고 또 선배를 좇았던 이들이 보인 반응에서 찾을 수 있다.

그중에 가난한 사람이 없으니
.▪..

첫 번째 실마리는 신자들의 반응에 나온다. 영적으로는 물론 경제적으로도 아주 보기 드문 일이 일어났다. "믿는 사람이 다 함께 있어 모든 물건을 서로 통용하고, 또 재산과 소유를 팔아 각 사람의 필요를 따라 나눠주었다"(행 2:44-45).

신의 부활, 신자의 영생 등과 같은 요소들은 당시 여러 종교와 컬트에서 흔히 볼 수 있는 신생 종교의 특징이었지만, 이런 공유는 기독교만의 중요한 특색이었다.

랍 벨이 「당당하게 믿어라」(Velvet Elvis, 두란노 역간)에서 개진한 다음과 같은 논점에 나는 영감을 받아 그리스도와 협동조합의 연관성에 대해 연구하게 되었다. "빈 무덤의 사실을 증명하는 것으로는 로마제국의 시민에게 큰 영향을 줄 수 없었을 것이다. 그들은 그런 이야기를 들은 적이 있기 때문이다. 이런 이유로 초기 교회에 관한 많은 대목이 소유와 식사와 관대함을 다루고 있는 것이다."[1]

이처럼 논증보다 경험을 강조한 덕분에 기독교가 다른 종교들보다 우위를 점할 수 있었고, 그 경험은 극적인 성격을 띠었다. "그중에 가난한 사람이 없으니, 이는 밭과 집 있는 자는 팔아 그 판 것의 값을 가져다가 사도들의 발 앞에 두매, 그들이 각 사람의 필요를 따라 나누어 줌이라"(행 4:34-35). 누구든지 합류하라는 초대와 함께 새로운 사회가 탄생하는 중이었다.

그러면 우리는 이런 행위를 어떻게 이해하면 좋을까? 한편으로, 이 초기 그리스도인들은 우리와는 아주 다른 상황에 몸담고 있었다. 지도자가 처형된 결과로 핍박에 직면한 소집단은 위험한 장래에 대처하고자 서로 협조를 도모하기 십상이고, 이처럼 공동조직을 구성한 섹트들은 과거에나 현재나 많이 있다. 다른 한편, 모든 사람을 가난하게 만드는 강제적인 공산주의 통치를 받았다거나, 그들 중 가난한 자가 공동체 밖의 가난한 이들보다 덜 고생했다는 식으로 기록되어 있지 않다.

한마디로 그들 중에는 가난이 존재하지 않았다.

이런 재산 공유는 그리스도인이 핍박을 받았던 이유이자 그 운동이 성장했던 이유이기도 하다. 그들의 공동조직은 계급과 권력구조에 기반을 둔 사회를 위협했다. 그들이 노예제도를 직접 도전하진 않았지만 그런 시스템을 약화시킨 건 사실이다. 가난한 사람이 없는 공동체의 일원이 된 신자들은 노예가 될 것을 우려할 필요가 없었기 때문이다. 이보다 더 도발적인 특징은 그들이 가이사가 아니라 하나님과 서로에게 충성했다는 점이다.

이 운동의 확산은 기존의 경제질서에 대한 큰 도전이었다. 그래서 흔히 그렇듯이 폭력적인 반응을 불러일으켰다. 세속 권력은 물리적인 힘이 아니고는 초기 그리스도인들을 통제할 수 없었으므로 무력으로 반응하게 된 것이다.

사도행전 5장은 이런 재산 공유가 영적으로 매우 중요한 양상이라고 말한다. 이미 많은 신자들이 자기네 소유를 내놓는 바람에 굉장한 결과를 초래했다고 했다(행 4:34-35). 이런 행위는 칭송을 받았다. 그러나 다음과 같은 일도 있었다.

아나니아라 하는 사람이 그의 아내 삽비라와 더불어 소유를 팔아 그 값에서 얼마를 감추매 그 아내도 알더라. 얼마만 가져다가 사도들의 발 앞에 두니,

베드로가 이르되, "아나니아야, 어찌하여 사탄이 네 마음에 가득하여 네가 성령을 속이고 땅 값 얼마를 감추었느냐? 땅이 그대로 있을 때에는 네 땅이 아니며, 판 후에도 네 마음대로 할 수가 없더냐? 어찌하여 이 일을 네 마음에 두었느냐? 사람에게 거짓말한 것이 아니요 하나님께로다."

아나니아가 이 말을 듣고 엎드러져 혼이 떠나니, 이 일을 듣는 사람이 다 크게 두려워하더라. 젊은 사람들이 일어나 시신을 싸서 메고 나가 장사하니라.

세 시간쯤 지나 그의 아내가 그 일어난 일을 알지 못하고 들어오니, 베드로가 이르되, "그 땅 판 값이 이것뿐이냐? 내게 말하라" 하니, 이르되 "예, 이것뿐이라" 하더라.

베드로가 이르되, "너희가 어찌 함께 꾀하여 주의 영을 시험하려 하느냐. 보라, 네 남편을 장사하고 오는 사람들의 발이 문 앞에 이르렀으니 또 너를 메어 내가리라" 하니, 곧 그가 베드로의 발 앞에 엎드러져 혼이 떠나는지라.

젊은 사람들이 들어와 죽은 것을 보고 메어다가 그의 남편 곁에

장사하니, 온 교회와 이 일을 듣는 사람들이 다 크게 두려워하니라. (행 5:1-11)

이 두 사람은 현장에서 급사했다. 신약성경 내용 가운데 즉시 가혹한 벌을 받은 유일한 경우다. 헤롯조차 한동안 병을 앓다가 죽었고(행 12:23), 유다는 살다가 자살을 했다(마 27:1-5). 더 이상한 점은 아나니아와 삽비라는 의무사항도 아닌 규칙을 범하는 바람에 죽임을 당했다는 사실이다! 베드로는 그들이 얼마나 나쁜 죄를 지었는지 이야기하는 중에 그 모든 일이 자발적으로 이뤄진 것임을 상기시켜 준다.

아나니아와 삽비라 이야기는 거짓말이 왜 나쁜지를 보여주는 예화로 자주 인용되지만, 죽음의 벌은 간음이나 도둑질이나 신앙 수준에 대한 부정직함 때문에도 내려질 수 있다. 이것만이 그 시기에 회자되던 유일한 거짓말이었을 가능성은 별로 없다. 베드로만 해도 예수를 세 차례나 부인하지 않았던가!(요 18:15-27)

이 극단적인 벌은 비협조적인 행동에 대해 준비된 것이었다. 예수의 사회적 가르침을 실행해서 굉장한 결과를 낳고 있던 그 시스템을 저해하는 행동 말이다. 아나니아와 삽비라 이야기는 자기가 기꺼이 제공할 수 있는 도움을 주지 않을 때 생기는 일을 보여준다. 이 둘은 받을 자격이 없는 인정을 원했던 위선자들이었다.

우리는 이런 사건을 어떻게 생각해야 할까? 당시에 새로운 메시아를 좇는 운동에 뜨거운 열정이 있었던 것이 분명하고, 베드로가 오순절에 전한 메시지는 자발적인 공동조직이 널리 퍼지도록 방향을 제시해 주었다. 각자의 재산을 양도하고 합류하는 일이 필수적인 것은 아니었지만 그러고 싶은 열망이 상당했던 것 같다.

공동조직의 운영

.▪..

자발적인 공동조직은 다양한 평판을 받고 있다. 언제나 순조롭게 운영되는 건 아닌데, 특히 사람들이 관여되어 있을 때가 그러하다. 안정된 회원을 가진 소규모 동질 집단들 사이에서도 자원을 공유하는 일은 결코 쉽지 않은 만큼, 안팎으로 온갖 도전에 직면했던 이 대규모 운동, 곧 당시에 급성장 중이던 이 운동은 많은 문제를 안고 있었을 것이다.

아니나 다를까. 그다음 장에 바로 양식 분배를 둘러싸고 그리스인과 히브리인 사이에 인종적인 분열이 생기기 시작한다. 화합이 깨지고 있었기에 사도들은 조치를 취해야 했다.

> 열두 사도가 모든 제자를 불러 이르되, "우리가 하나님의 말씀을 제쳐놓고 접대를 일삼는 것이 마땅하지 아니하니, 형제들아, 너희 가운데서 성령과 지혜가 충만하여 칭찬받는 사람 일곱을 택하라. 우리가 이 일을 그들에게 맡기고, 우리는 오로지 기도하는 일과 말씀 사역에 힘쓰리라." (행 6:2-4)

그들이 종 내지는 집사라고 불리는 일곱 명의 지도자를 선택하라고 요청했다는 점을 주목하라. 자원의 공동소유는 예전에 (유다가 회계의 역할을 맡았던) 예수의 제자들 안에 존재했던 것의 후속편이었다. 당시에 유다가 얼마나 형편없는 회계였는지를 기억한 결과 많은 유혹이 따르는 돈 관리의 책임을 공유하고자 했을지도 모른다.

사도들이 무슨 생각을 하고 있었든지 간에 집단 지도체제는 금방 현명한 것으로 입증되었다. 이 집사들의 명단을 보면 맨 먼저 "믿음과 성령이 충만한 사람"(행 6:5)으로 일컬어지는 스데반이 등장한다. 추정컨대 단 한 자리밖에 없었더라도 스데반이 선출되었을 테지만, 다행히도 그는 이 리더십 팀의 일원에 불과했다. 곧 붙잡혀서 처형될 운명이었기 때문이다. 만일 그가 유일한 지도자의 자리에 있었더라면 그들은 처음부터 다시 시작해야 했을 것이다. 당시의 신자들은 일단의 지도자들을 세움으로써 그들의 입장을 더욱 강화했다.

물론 이 영적 리더십은 하나님이 선택하셨지만 사도들은 자기네 책임이 재정적인 것이 아니라 영적인 것임을 알았다. 어쩌면 "가이사의 것은 가이사에게" 바치라는 예수의 권면(마 22:21)이나 그분이 유일하게 힘을 사용한, 성전에서 상인들을 쫓아낸 사건(요 2:15-16)이 기억나서 권력 분립을 실행했을지도 모른다.

사도들은 더 이상 온 공동체에 책임이 있는 재정 관리에 관여하지 않았다. 게다가 현대 사업계의 관행처럼 자원을 더 많이 가져온 자들에게 통제권을 부여하지도 않았다. 권력은 **모든 신자가** 공유했다.

특히 주목할 만한 단락이 또 하나 있다. 유대의 율법이 여전히 유효하다고 생각하는 자들과 예수가 그들을 율법에서 해방시켰다고 생각하는 자들 사이에 분열이 일어난 것이다. 이 분열은 할례의 문제를 둘러싸고 더욱 첨예해졌다. 바리새파 출신 가운데 몇 사람이 할례가 필수적이라고 설파하기 시작하자 바울과 바나바는 반대 입장을 취했다.

이 분쟁은 마침내, 이른바 '예루살렘 공의회'(행 15장)를 개최하게 했다. 성경은 그 회의의 몇 가지 단계를 기록하고 있다. 첫째, "사도와 장로들이 이 일을 의논하러 모여, 많은 변론이 있은 후에" 그들은 할례에 관한 규정을 포기하기로 결정했다(6-7절). 베드로가 최종 발언을 했고 "더 이상의 토론이 없었다"(12절, 저자가 사용한 *New Living Translation* 성경을 번역했다. 이후 NLT로 표기했다. -옮긴이). "이에 사도와 장로와 온 교회가 그중에서 사람들을 택하여 바울과 바나바와 함께 안디옥으로 보내기를 결정하니, 곧 형제 중에 인도자인 바사바라 하는 유다와 실라더라"(22절).

이 결정은 교회의 리더십에 의해 내려졌고 온 교회가 선택한 파견위원들을 통해 전달되었다. 참석하지 않은 이들에게 보낸 메시지는 흥미로운 표현을 담고 있는데, 이는 그 지도자들이 그들의 결정을 어떻게 보았는지를 잘 조명해 준다. 그 메시지는 이런 말로 시작된다. "그것이 우리에게 좋게 보였기에 너희에게 공식적인 대표들을 보내기로 만장일치로 결정하였노라"(행 15:25, NLT).

여기서 "보였기에"라는 단어는 그들이 절대 진리를 파악하지 못했을 수도 있음을 시사하는 겸손한 표현이다. 결론 부분 역시 대부분의 문제는 각 지역의 결정에 맡기는 가운데 몇 가지 규정만 담은 겸손한 내용이었다. "우상의 제물과 피와 목매어 죽인 것과 음행을 멀리할지니라. 이에 스스로 삼가면 잘되리라"(행 15:29).

할례의 문제는 신학적인 것인 만큼 이 책의 주제인 경제 및 조직의 이슈들과 직접적인 연관성이 없다. 하지만 이 이슈가 다뤄진 방식을 보면, 그들이 중요한 결정을 어떻게 내렸는지를 들여다볼 수 있고 초기 교회가 어떻게 움직였는지도 어느 정도 알 수 있다. 그 결정들은 온 공동체가 참여하여 내렸고, 리더십은 포용적인 과정을 거쳐 선택되었다.

우리는 집사들과 파견위원들의 선택이 그랬다는 것을 이미 살펴보았고, 사도들의 선택 역시 포용성을 갖고 있었다. 사도 중 열한 명은 예수가 직접 선택했기에 특별한 경우였지만, 언젠가 닥칠 그들의 은퇴나 죽음을 대비하여 새로운 선출 과정을 만들어야 했다. 유다를 대체한 일은 이 과정이 고도의 포용성을 갖고 있었음을 보여준다.

"[제자들이] 여자들과 예수의 어머니 마리아와 예수의 아우들과 더불어 마음을 같이하여 오로지 기도에 힘쓰더라. 모인 무리의 수가 약 백이십 명이나 되더라"(행 1:14-15). 베드로의 주도하에 그들은 후보를 두 명으로 좁힌 뒤에 "제비 뽑아 맛디아를 얻으니, 그가 열한 사도의 수에 들어갔다"(행 1:26). 최종 결정은 제비뽑기를 통해 하나님의 몫으로 돌아갔지만, 후보들은 온 회중이 선택한 사람들이었다. 그 모임에서 지도자는 촉진자의 역할을 했을 뿐이다.

뿌리를 찾아서

．▪．．

처음부터 그 도(道)는 오늘날의 질서를 빼닮은 로마의 질서와는 다른 대안을 보여주었다. 이는 아주 불편한 통찰이다. 이런 본보기들을 포용하려면 교회와 경제 모두를 개조해야 할 것이기 때문이다. 그래서 그런지 이런 단락들은 복음 메시지의 핵심이 아닌 것처럼 도외시되곤 한다. 하나님이 이것을 유일한 방법이라고 말하시는 건 아니지 않느냐고 묻는다.

글쎄, 꼭 그렇지는 않다.

우리가 조직 방식에 관한 가르침을 중심으로 성경을 읽어보면, 어떤 방법이 효과적이고 하나님을 기쁘게 하는지를 알 수 있는 분명한 패턴들이 있다. 아울러 어떤 것이 효과적이지 않고 하나님의 분노를 일으키는지를 가리키는 명쾌한 메시지도 존재한다. 우리는 기독교의 행습이 선지자의 전통에 깊이 뿌리박고 있다는 점을 알수 있다.

좀 더 깊이 들여다보면 사도행전에 나오는 이야기가 먼 옛날 아담과 하와의 이야기에까지 거슬러 올라가는 것이 보일 것이다. 이이야기는 협동이 없었다면 일어나지 않았을 십계명 사건에서부터 이스라엘의 이야기를 온통 가로지른다. 이 가닥은 리더십이 사사들에서 왕들로 전환되는 대목을 거쳐 이스라엘의 멸망과 예루살렘 재건 당시 느헤미야의 섬기는 리더십으로 이어진다. 다수의 선지자들은 협동의 메시지를 전한다. 하나님조차 때로는 협동적인 기색을 보이고, 모세를 비롯한 여러 인물의 피드백을 들으며, 어느 경우에는 영들의 모임을 개최하여 도움을 요청하기도 하신다(대하 18:18-21).

사람들은 흔히 기독교를 하나님과의 개인적인 관계로 이해하고, 그 관계를 공적 영역으로 가져오는 것을 세속적 사회질서에 대한 위협으로 여기곤 한다. 그런데 하나님에 대한 신앙이 유대민족의 정체성의 기원, 곧 압제적인 제국에서 벗어나려는 집단 해방의 몸부림에서 분출되었다는 사실을 생각하면 그런 개념은 참으로 의아하기만 하다. 오늘날 유행하는 개인 구원의 개념은 예수의 첫 제자들에게도 이상하게 들렸을 것이다.

그 도는 그리스도의 임박한 재림을 고대하면서 천국을 건설하려는 시도였음이 분명하다. 그래서 신자들은 할 일이 있다고 생각했다. 말하자면, 주인이 돌아올 것을 대비해 집 안을 정리해야 했던 것이다. 초기 그리스도인들이 보았던 그 가능성에 도달하려면, 현대의 그리스도인들도 당시에 그들을 성령으로 충만케 했던 것이 무엇이었는지 재발견할 필요가 있다.

우리는 세상이 볼 수 있는 방식으로 예수가 전한 해방과 변혁의 메시지를 되찾아야 한다. 이제 사랑에 관한 말은 그만하고 개인의 친절한 행위 이상의 행동을 보여줄 필요가 있다. 협동은 영적 성장이나 구속(救贖)의 대체어가 아니다. 이는 후자를 지지하는 행위를 배양하는 하나의 방식이다.

대다수 교인들은 주일마다 죄를 피하라는 설교를 들은 뒤에 탐욕과 질투와 분노로 얼룩진 세상 속으로 돌아간다. 우리는 교회 밖에서 무언가를 조직하는 방법, 우리의 믿음을 월요일 아침으로 옮겨

놓는 방법을 찾을 필요가 있다. 부지중에 우리로 가난한 자들에게 손쉽게 죄를 짓게 하는 정부의 압제와 전쟁과 조직적인 무역이 판을 치고 있는 마당에 교회에서는 추상적이고 무기력한 해방과 사랑의 메시지가 울려 퍼지고 있다.

옛 방식이 무너지면서 새로운 성장이 움트고 있다. 정치, 경제, 그리고 영적인 붕괴가 일어나고 있는 중이라서 새로운 희망의 메시지가 시급한 상황이다. 예수는 사회적 붕괴의 현장에서 우리의 필요를 다루었는데, 교회를 보는 전통적인 방식으로는 성경의 메시지에 담긴 그 낭랑한 해방의 소리를 도무지 들을 수 없다.

오늘날에는 세상의 권력이 너무 강해서 변화에 대한 희망을 품기가 어렵고 어디서 시작할지도 모르기 십상이다. 작금의 사태가 너무 실망스러운 나머지 합리주의를 신봉하는 불신자들조차 신(神)의 개입을 갈망할 정도다.

우리에겐 기적이 필요하다. 그것도 큰 기적이.

다행스럽게도 성경은 부활한 예수의 첫 제자들이 행동한 것을 묘사하는 대목에서 일종의 도로지도를 제공해 준다. 그들은 현대의 협동조합과 아주 비슷한 형태로 조직을 갖추었다. 오늘날의 용어를 빌리자면, 첫 일곱 지도자들은 민주적으로 선출된 이사회라고 할 수 있다.

협동조합이란 무엇인가?

.▪..

성경적인 협동의 모습은 이집트 사막의 수도원, 중세에서 산업

혁명에 이르는 유럽의 농민 부락, 그리고 초기 미국 역사의 유토피아 공동체 등에서 볼 수 있다. 그리고 오늘날의 후터파교도(체코슬로바키아 모라비아 지방에서 일어나 미국 서북부에서 캐나다 일부에까지 걸쳐 농업에 종사하며 재산 공유 생활을 영위하고 있는 재세례파-옮긴이), 스페인과 이탈리아의 대규모 협동조합 시스템, 라틴아메리카의 기초 공동체 등으로 이어지고 있다. 신앙 중심의 공동체들과 신용조합을 비롯한 여러 협동조합은 현재 전 세계에 퍼져 있다.

이 모든 집단의 공통점을 보려면 협동조합이 무엇인지를 알 필요가 있다. 국제협동조합연맹(ICA)은 협동조합을 다음과 같이 정의한다. "협동조합은 공동으로 소유하고 민주적으로 운영되는 기업을 통해 공동의 경제적, 사회적, 문화적 필요와 열망을 충족하고자 자발적으로 연합한 사람들의 자율적인 협회이다."[2]

협동조합은 다양한 모습을 띨 수 있는데 대부분 종교적인 것이 아니다. 협동조합은 이웃을 사랑하는 통로를 제공하기 때문에 기독교 가치관과 잘 어울리지만 기독교 운동은 아니며, 대체로 온갖 종교를 가진 사람들에게 열려 있는 조직이다.

어떤 협동조합들은 집안의 이름을 사용한다. 베스트 웨스턴 호텔은 독립 호텔들이 협력하여 만든 것이다. 오션스프레이는 크랜베리 재배자들을 위한 산업계의 선두주자다. 연합통신(AP)은 신문사들이 보도 자료를 공유하기 위해 만든 협동조합이다. 트루밸류는 갈수록 커지는 대형 상점의 위협에도 소규모 사업들이 생존하도록 돕는 협동조합이다.

협동조합은 일반 기업체처럼 보일지 몰라도 큰 재정 투자자에게 권력을 주지 않고 투표권을 조합원당 하나씩 나누는 민주적인 결사체이다. 협동조합은 사용자가 쇼핑객이든 근로자든 농민이든 중소기업 소유주든 상관없이 그것을 소유하고 사용하는 이들의 유익을 위해 운영된다. 협동조합은 금융, 보육, 주택, 고용, 보험, 장례식 등을 제공한다. 그리고 정유(精油)를 하고, 기구와 수송 수단을 제조하고, 농장에서 저녁 식탁에 이르는 식료품의 모든 측면에 참여한다. 시장이 사람들의 필요를 충족시키지 못하는 지점에 협동조합이 있다.

협동조합은 참으로 매력적이다. 조합원으로는 오리건의 목동, 버클리의 자전거 배달원, 앨라배마의 농민, 아이다호의 홈스쿨러, 맨해튼의 아파트 거주자 등 다양하기 그지없다. 협동조합은 비공식적인 소규모 식료품 구매 클럽일 수도 있고 「포춘」지 500대 기업의 하나일 수도 있다. 미국의 경우, 농산물의 30퍼센트가 시장에 이르는 동안 적어도 한 협동조합을 거친다. 일만 개의 신용조합에 몸담은 사람은 8천4백만 명이나 되고 자산은 6천억 달러에 이른다. 협동조합들은 150만 명에게 거처를 제공한다. 사설 부문이 농촌 인구를 위해 제몫을 못하는 바람에 협동조합 시설들이 국토의 75퍼센트 이상을 활용하고 있다.

전체적으로 보면 미국인의 절반가량이 협동조합원이다.[3]

협동조합은 전 세계에 퍼져 있으며 일부 나라의 협동조합 운동은 미국보다 훨씬 강하다. 나는 다른 곳에서 이룩한 업적을 축소할 생각이 없지만 주로 미국인을 염두에 두고 있는 만큼 대체로 미국의 실례를 들까 한다. 아울러 미국에서는 볼 수 없는 몇 가지 국제적인 모델도 사용할 것이다. 그리고 협동조합 경제가 막 발전하고 있는 나라의 모델도 고려해야겠다. 이런 모델들은 탐욕에 근거한 우리 경제가 유일한 대안이라는 신화를 깨뜨려 줄 것이다.

신앙에 기초한 협동은 기독교에만 국한되지 않는다. '키부츠'라는 유대인 집단농장과 이슬람의 '상호보험회사'는 다른 종교들도 협동의 가치를 갖고 있음을 보여주는 두 가지 본보기일 뿐이다. 이런 공동의 가치는 오늘처럼 어려운 시대에 화해의 기회를 준다.

나는 '협동조합'을, 스스로를 이 용어로 규정하는 조직들을 묘사하는 명사로 사용할 것이다. 하지만 기독교 신앙을 바탕으로 하는 협동조합들과 관련 조직들 간에는 약간의 차이점이 있다. 그래서 많은 경우 나는 그런 조직에 '협동적인'이라는 형용사를 붙일 것이다. 이런 조직들은 현대의 협동조합과 조금(혹은 상당히) 다르다는 것을 염두에 두길 바란다.

이렇게 보면 예수의 가르침에 뿌리를 둔 협동적인 조직들이 많이 눈에 띤다. 그 가운데 일부는 무척 소박한 소규모 조직들이다. 요즘 미국에서 우후죽순처럼 생기고 있는 기독교 계획 공동체(Christian intentional communities)가 좋은 본보기다. 이는 그리스도를 좇아 집단생활을 하기로 헌신한 복수의 가정들로 구성되어 있다. 그중의 다수는 가톨릭노동운동이나 신수도원주의운동에 가입되어 있다.

다른 몇 가지 형태의 협동조직은 기업체와 비슷하다. 다수의 종교적인 신용조합과 협동적인 보건협회, 식료품 협동조합 등이 있다. 일부 협동조합은 공동생활과 집단소유 기업에서의 노동을 겸비하고 있다. 예컨대 '지저스피플USA'(JPUSA)는 시카고에 있는 큰 아파트 단지를 본거지로 하여 여러 사업체를 운영하고 있다.

그리고 많은 협동조합은 종교적 성격을 띠고 출범했지만 좀 더 포용적이고 더 많은 사람을 돕기 위해 종교적 사명에서 멀어지기도 했다. 그래서 많은 경우에는 조합원들이 그 조직의 종교적 뿌리조차 모른다. 이런 변화는 일종의 후퇴일지도 모르지만 여전히 성경적 가르침을 따르는 방향으로 움직이고 있다.

어떤 협동조합은 규모가 상당히 크다. 가장 유명한 것은 8만여 명에게 일자리를 제공하는, 스페인 북부 바스크 지방에 있는 몬드라곤이다. 이 조합은 비교적 자율적인 경제체계로 발전했고 모든 조합원에게 교육과 의료 혜택, 요람에서 무덤까지의 사회보장을 제공하고 있다. 본래 가전제품을 만드는 소규모 제조사로 시작했는데 지금은 스페인 최대 규모의 은행과 가장 큰 식료품 체인을 소유한 거대 산업체가 되었고, 모두 자발적으로 합류한 조합원들이 민주적으로 운영하고 있다.[4]

몬드라곤은 세계에서 가장 발전된 협동조합이지만 조합원 규모로 보면 가장 크다고 할 수 없다. 데자르댕은 조합원이 거의 6백만 명에 달하는 프랑스어권 캐나다의 종교적 협동조합 운동으로 천여 개의 신용조합에서 일하는 직원만 4만 명이나 된다. 이 거대한 협동조직은 기독교 가치관을 지닌 한 프로젝트가 어떻게 큰 영향을 미치고, 분권화된 권력을 유지하면서도 큰 규모로 성장할 수 있는지를 보여주는 좋은 본보기다. 이 조직은 많은 독립된 협동조합들이 홀로는 감당할 수 없는 서비스를 창출하기 위해 다 함께 합류한

협동적 연방제의 실례이기도 하다.[5]

사회적 영향 면에서 이보다 더 큰 것은 18,500개도 넘는 협동조합들로 구성된 '이탈리아 협동조합 동맹'(ConfCoop)이다. 이 협동조합들을 모두 합치면 거의 300만 명의 조합원, 40만 명의 직원에 이르고, 연간 매출도 400억 유로나 된다.[6] 데자르댕과 이탈리아 협동조합 동맹은 협동조합이 어떻게 모든 영역으로 퍼져나갈 수 있는지를 잘 보여준다.

협동조합, 무엇이 다른가?

.∎..

이탈리아는 오늘과 같은 다원주의 사회에서 협동조합이 얼마나 유익한지에 대해 흥미로운 실마리를 제공한다. 미국의 경우, 정부 정책의 일부 영역에서는 의견 분열이 심한데, 협동조합은 정부의 압박에서 벗어나 의견이 일치하는 방면에 초점을 맞출 수 있게 해준다.

이탈리아에는 협동조합 동맹만 있는 것이 아니다. 거기에는 수많은 사람들에게 직장과 서비스를 제공하는 여러 협동조합 연맹들도 있다. 이 조직들은 제각기 다른 철학과 가치관을 갖고 있으나 모두가 협동조합의 성격을 지니고 있다. 항상 사이좋게 지내는 것은 아니지만 공존할 수 있는 관계다. 이탈리아인들은 복합적이고 자발적인 대규모 체계들, 곧 가치관에 기초한 여러 체계들이 얼마든지 나란히 공존할 수 있음을 보여준다. 우리의 생각을 다른 가치관을 가진 사람들에게 강요하지 않고 동일한 윤리적 배경을 가진 이들 사이에서 협동조합을 조성할 수 있는 것이다.

미국의 경우, 많은 이슈들과 가치들을 둘러싸고 다양한 정치 및 종교적 입장들 사이에 여론이 조성되고 있다. 어떤 경우들은 언어와 최종 목표가 달라도 중간 목표와 공공 정책이 서로 양립할 수 있음을 보여준다. 예를 들면, '환경 보호주의'와 '복음주의 환경 보호'는 정부 정책으로 나타나는 것을 보면 비슷한 개념들이고 둘 다 이 땅에서 환경을 보호하면서 살도록 요구하고 있다.

대부분이 양립 가능한 목표들을 공유하는 경우에는 정부가 규제하는 것이 적절할 수도 있다. 그러나 강한 의견충돌이 있을 경우에는 정부 규제가 폭정이 되고 만다. 합의가 이뤄질 가능성이 없는 경우라면—예를 들어, 의료보험의 범위를 결정하기 위해 '가족'을 정의하는 일—정부가 옆으로 비키고 협동을 권면해야 한다.

어느 면에서 이런 시나리오는 사업의 사유화나 발전을 권유하는 것처럼 보이지만 중요한 차이점이 있다. 협동조합 회사들은 그 서비스를 이용하는 이들에 의해 민주적으로 운영되어야 한다는 점이다. 협동조합들은 시장경제 내에서 공동체와 사회정의의 이념을 포착할 수 있다. 이 두 세계에 속한 최상의 것을 담고 있기 때문이다.

우리는 우리나라를 괴롭히는 분열의 문제를 넘어서 우리 가치관을 공유하는 이들과 협조적으로 일하는 길을 찾도록 부름 받았다. 우리는 우리의 의지를 서로 강요하지 말고 애초에 미국 독립을 특징지었던 자유의 정신으로 되돌아가야 한다. 이와 같은 정신은 성경 전체에 널리 퍼져 있다.

2

사사들과 왕들
구약성경이 들려주는 지도자와 통치자 이야기

구약성경에는 사람들에게 할 일을 일러주는 선지자들과 왕들이 많이 등장하기 때문에 우리는 구약성경이 평등과 권한 부여의 모델이 아니라고 생각할지도 모른다. 그렇지만 구약성경을 통해 우리는 예수의 가르침과 그 제자들의 활동의 토대를 파악할 수 있다.

구약성경에 나오는 조직을 고찰해 보면 두 가지 패턴이 드러난다. 첫째, 권력이 단 한 사람의 통치자의 손에 집중되어 있을 때에는 사람들 사이에 분산되어 있을 때보다 사태가 나빠지는 경향이 있다. 둘째, 하나님은 우리가 서로를 정의롭게 대하기를 원하시는데, 그렇지 않을 때에는 분노를 품곤 하신다. 이런 교훈은 사람들이 율법을 실행하는 방식에 가장 뚜렷히 나타난다. 하나님의 뜻이 무엇인지에 대해서는 이미 많은 저자들이 다루었으므로 나는 그 뜻이 실행되는 방식에 초점을 맞추겠다.

이스라엘의 역사는 집안의 역사와 비슷해서 그 민족의 아비들과 한 어미를 언급하는 것으로 완성된다. 모세가 처음에는 아주 강력한 가부장의 역할을 수행했지만 이야기가 진전되면서 모세의 역할이 조금씩 약화되고, 그 나라가 평등을 지향하는 방향으로 나아간다. 이는 자녀들이 어른으로 자라면서 책임이 커지는 것과 비슷하다. 그 이야기 내내 강력한 지도자들이 등장하는 것은 분명하지만 갈수록 더 협동적인 지도 방식으로 진전되고, 예수의 섬기는 리더십에서 마침내 절정에 도달한다.

이런 협동 작업은 창세기에서 시작된다.

하나님과 함께 일하는 것
▪▪▪

하나님이 천지를 창조하실 때 첫 닷새 동안은 홀로 일하셨다. 그분은 말씀으로 땅과 물과 육지와 하늘과 식물과 동물을 창조하셨다. 그 모든 것이 좋았지만 사람을 창조할 때가 되자 다른 접근을 하셨다.

하나님은 "우리의 형상을 따라 우리의 모양대로 우리가 사람을 만들자"라고 말씀하셨다(창 1:26). 여기에 복수명사인 "우리"가 등장하는 것을 주목하라. 이 지점에 이르기 전에는 하나님이 그냥 창조하셨지만, 자기의 형상을 창조할 때가 되자 그것을 협동 작업으로 선언하셨다. 마치 하나님이 삼위일체의 모임을 갖고 제안을 하신 것처럼 보인다. 이 구절에서 하나님의 복수성을 피할 수 없고, 아담과 하와가 다 함께 하나님의 형상이라는 뜻도 피할 수 없다.

우리가 하나님의 형상인 것처럼 행동하려면 우리 역시 다 함께 조화를 이루며 일해야 한다.

하나님의 협력적인 측면은 어떤 선언 뒤에 그것을 누그러뜨리도록 설득당하시는 장면들에서도 찾아볼 수 있다. 아브라함은 소돔을 구하려고 거기에 얼마나 많은 의인이 필요한지를 놓고 하나님과 입씨름을 했다(창 19:23-32). 모세는 하나님의 뜻이 아닌데도 불구하고 아론과 리더십의 짐을 나누게 해달라고 그분을 설득했다(출 4:10-17). 모세는 하나님께서 이스라엘을 멸망시키겠다고 선언한 뒤에도 그러지 말라고 두 차례나 설득했다(출 32:9-14; 민 14:11-20). 이는 개인적인 차원에서도 일어났는데, 에스겔이 하나님과 협상하여 그분의 명령을 바꾸도록 설득한 경우가 그러하다(겔 4:14-15).

이런 경우들은 하나님의 용서를 나타내는 표시로 일축할 수도 있지만, 하나님의 양보를 보여주는 가장 흥미로운 이야기는 영들에게 도움을 요청하는 환상에 나온다.

"누가 이스라엘 왕 아합을 꾀어 그에게 길르앗 라못에 올라가서 죽게 할까?" 하시니, 하나는 이렇게 하겠다 하고, 하나는 저렇게 하겠다 하였는데, 한 영이 나와서 여호와 앞에 서서 말하되, "내가 그를 꾀겠나이다" 하니, 여호와께서 그에게 이르시되 "어떻게 하겠느냐?" 하시니, 그가 이르되, "내가 나가서 거짓말하는 영이 되어 그의 모든 선지자들의 입에 있겠나이다" 하니, 여호와께서 이르시되 "너는 꾀겠고 또 이루리라. 나가서 그리하라" 하셨은

즉. (대하 18:19-21)

사실상 하나님은 도움이 필요 없는 분으로, 아합을 그냥 없애버
리실 수도 있었다. 그런데도 협력적인 접근을 취하여 여러 제안을
받으셨다. 아합의 생사는 여전히 하나님의 결정에 달렸지만, 계획
을 구현하고 실행하는 과정에서 권력을 나누신 것이다. 이처럼 협
력을 도모하는 하나님의 모습은 많이 등장한다.

이스라엘의 초기

출애굽기는 이스라엘이 한 국가로 탄생하는 장면과 어린 시절을
묘사하고 있다. 모세는 흔히 하나님의 뜻을 지시한 국부(國父)와 같
은 인물로 그려지지만, 성경은 얼마 지나지 않아 책임이 분산되는
상황을 기록하고 있다.

모세와 아론이 당시 리더십에 해당하는 선지자와 제사장의 직분
을 나누었다는 사실은 이미 살펴보았다. 하지만 일단 출애굽이 성
사된 뒤에는 협력이 곧 하나님의 뜻이라는 점이 분명해졌다. 다음
두 가지 사건은 모세가 홀로 이스라엘을 지도하는 것이 하나님의
뜻이 아님을 잘 보여준다.

첫 번째 사건은 이스라엘이 기나긴 광야 생활을 앞두고 이집트를
떠난 직후에 발생했다. 하나님께서 그 백성의 양식과 물의 문제를
해결하신 뒤에 그들은 아말렉 족속의 공격을 받았다. 싸움이 시작
되자 모세는 가까운 언덕에서 지켜보았다.

모세가 손을 들면 이스라엘이 이기고, 손을 내리면 아말렉이 이기더니, 모세의 팔이 피곤하매 그들이 돌을 가져다가 모세의 아래에 놓아 그가 그 위에 앉게 하고, 아론과 훌이 한 사람은 이쪽에서 한 사람은 저쪽에서 모세의 손을 붙들어 올렸더니, 그 손이 해가 지도록 내려오지 아니한지라. 여호수아가 칼날로 아멜렉과 그 백성을 쳐서 무찌르니라. (출 17:11-13)

이는 모세가 홀로 리더십의 짐을 질 수 없다는 교훈을 배워야 할 순간이었다. 그러나 그는 즉시 그 점을 포착하지 못한 듯했고, 하나님은 한 인간을 통해 좀 더 명시적인 메시지를 주지 않으면 안 되었다. 모세의 장인 이드로가 그를 방문하러 왔다.

모세의 장인이 모세가 백성에게 행하는 모든 일을 보고 이르되, "네가 이 백성에게 행하는 이 일이 어찌 됨이냐? 어찌하여 네가 홀로 앉아 있고 백성은 아침부터 저녁까지 네 곁에 서 있느냐?" 모세가 그의 장인에게 대답하되, "백성이 하나님께 물으려고 내게로 옴이라. 그들이 일이 있으면 내게로 오나니, 내가 그 양쪽을 재판하여 하나님의 율례와 법도를 알게 하나이다." 모세의 장인이 그에게 이르되, "네가 하는 것이 옳지 못하도다. 너와 또 너와 함께한 이 백성이 필경 기력이 쇠하리니, 이 일이 네게 너무 중함이라. 네가 혼자 할 수 없으리라. 이제 내 말을 들으라. 내가 네게 방침을 가르치리니 하나님이 너와 함께 계실지로다. 너는 하나님 앞에서 그 백성을 위하여 그 사건들을 하나님께 가져오며, 그들에게 율례와 법도를 가르쳐서 마땅히 갈 길과 할 일을 그들에게 보이고, 너는 또 온 백성 가운데서 능력 있는 사람들, 곧 하나님을 두려워하며 진실하며 불의한 이익을 미워하는 자를 살펴서 백성 위에 세워 천부장과 백부장과 오십부장과 십부장을 삼아 그들이 때를 따라 백성을 재판하게 하라. 큰일은 모두 네게 가져갈 것이요, 작은 일은 모두 그들이 스스로 재판할 것이니, 그리하면 그들이 너와 함께 담당할 것인즉 일이 네게 쉬우리라." (출 18:14-22)

결국 수령들이 백성에 의해 선출되고 타국인과 가난한 자를 차별하지 말라는 지시를 받았던 것을 우리는 나중에 알게 된다(신 1:9-18).

이 권면이 실행되었다는 진술은 있지만 그 구체적인 방식은 기록되어 있지 않다. 하지만 가장 주목할 만한 결과는 모세가 일단 아침부터 저녁까지 재판하는 일에서 해방된 뒤에는 하나님의 다른 일을 행할 수 있게 되었다는 점이다. 모세는 도움을 받게 되자 시내산에 올라갈 수 있었고, 하나님이 즉시 십계명을 주셨다. 그 나머지는 모두가 아는 이야기다.

이 이야기들은 단 한 명의 지도자에게 모든 권력과 책임이 부여되면 안 된다는 엄중한 경고이다. 날마다 바쁜 생활에 시달리면 영적 성장이 어렵다는 것은 주지의 사실이고, 이 단락은 책임을 위임할 필요성을 강조하고 있다.

당시는 하나님이 여전히 한 사람에게 책임을 맡기시기를 선호했던 시기였다. 통상적인 재판은 위임되었고, 필요한 경우에만 모세에게 되돌려졌다. 모세가 여전히 전권을 갖고 있었다. 우리가 곧 보게 될 것처럼, 이것은 책임이 대대로 전수되는 방식을 보여주는, 기나긴 권력 분배 과정의 첫걸음이었다.

부모는 어린 자녀들이 분별력과 책임감을 더 개발하기까지 그들을 통제할 필요가 있다. 어른다운 결정을 내릴 수 있기까지 좋은 결정은 더 많은 책임으로 보상한다. 물론 모든 부모는 아이들이 반항한다는 것을 알고 있고, 이는 규칙을 시험해 볼 수 있는 좋은 기회다. 이런 일이 발생하면 명확하고 일관성 있게 경계선을 유지하는 일이 중요하다. 그래서 하나님이 고라의 반역에 대해 강력한 징벌을 내리신 것은 놀랄 일이 아니다.

이 이야기에서 반역자들의 불만은 어떤 결정이 아니라 모세의 권력 자체에 대한 것이었다. "너희가 분수에 지나도다! 회중이 다 각각 거룩하고 여호와께서도 그들 중에 계시거늘 너희가 어찌하여 여호와의 총회 위에 스스로 높이느냐?"(민 16:3)

반역자들이 땅에 삼켜지고 수천 명의 친척들이 전염병으로 죽는 것으로 이 이야기가 끝나는 것을 보면 모세는 분명히 그럴 만한 권리를 갖고 있었던 듯하다. 이스라엘 백성은 아직도 대중 정치를 할 만한 준비를 갖추지 못했던 것이다.

이 사건을 하나님이 한 사람에게 전권을 주기 원하신다는 암시로 해석할 수도 있지만, 그 반역자들이 인기 있는 지도자들이었다는 사실을 우리는 기억해야 한다. 이것은 "이스라엘 자손 총회에서 이름 있는 지휘관 이백오십 명"(민 16:2)을 비롯한 많은 공모자들이 개입된 대규모 반란이었다. 반역자들에게는 국가 정치에 참여할 수 있는 권한이 있었으나, 모세의 말대로 그들이 너무 멀리 나간 것이 분명하다. "레위 자손들아, 너희가 너무 분수에 지나치느니라!"(민 16:7)

문제는 그 반역자들이 불만을 지나치게 투박하게 제기한 것이었는지도 모른다. 이드로는 신중하게 자신의 제안을 내놓았으나 고라와 그의 공모자들은 그것을 공공연하게 쏟아내고 말았다. 위기가 닥치면서 강한 지도력이 필요했고, 이스라엘이 위험한 상황에 빠지자 강력한 리더십을 요구한 것이다. 당시는 권한을 넘어선 말다툼의 여지가 없었으므로 반역자들의 징벌은 자녀들에게 진정하고 말다툼을 그만두라는 하나님의 지시로 해석될 수도 있었다.

충분하고도 남아

출애굽 당시에 나오는 또 다른 협동 작업은 자원하여 예물을 드리는 일이었다.

성막을 짓는 일은 지극히 상세하고 구체적인 지시가 담긴 매우 중요한 과업이었다. 많은 수고가 필요했지만 강제 노역이나 강제적인 예물 없이 완수되었다. "마음이 감동된 모든 자와 자원하는 모든 자가 와서 회막을 짓기 위하여, 그 속에서 쓸 모든 것을 위하여, 거룩한 옷을 위하여 예물을 가져다가 여호와께 드렸다"(출 35:21).

이런 모습은 이상적인 것으로 치부되곤 하지만 이 경우에는 잘 진행되었다. 짧은 기간이 지난 뒤에 이런 일이 일어났다. "모세가 명령을 내리매 그들이 진중에 공포하여 이르되, '남녀를 막론하고 성소에 드릴 예물을 다시 만들지 말라' 하매, 백성이 가져오기를 그치니 있는 재료가 모든 일을 하기에 넉넉하여 남음이 있었더라"(출 36:6-7).

여기서 우리는 어떤 프로젝트가 대중의 지지를 받을 만큼 훌륭하면 강제력이 필요 없다는 것을 알게 된다. 만일 하나님이 어떤 일을 이루시고자 하면, 사람들이 서로 강제력을 행사할 필요가 없는 것이다.

이 비공식적인 부담의 공유는 부의 공평한 분배에 달려 있었으므로 소득의 공유도 있었다. 이스라엘 백성이 전쟁에서 승리하면 모두가 전리품을 나눠 가졌다. 하나님은 그들에게 "그 얻은 물건을 반분하여 그 절반은 전쟁에 나갔던 군인들에게 주고 절반은 회중에게 주라"고 지시하셨다(민 31:27). 이렇게 하여 수고에 대한 보상과 부의 분배 필요성 사이에 균형을 잡았다.

이런 나눔은 대규모로 일어나기도 했다. 각 지파에 속한 가문들은 마침내 약속의 땅에 도착했을 때 충분한 자원과 함께 출발했다. 그들은 "너희의 종족을 따라 그 땅을 제비 뽑아 나눌 것이니 수가 많으면 많은 기업을 주고 적으면 적은 기업을 주라"는 지시를 받았다(민 33:54). 이런 공평함을 유지하기 위해 땅을 상속받을 여자들은 자기 지파 바깥에 있는 남자들과 결혼하는 것이 허용되지 않았다. "그 기업이 이 지파에서 저 지파로 옮기게 하지 아니하고 이스라엘 자손 지파가 각각 자기 기업을 지키리라"(민 36:9).

사사들과 왕들

▪▪▪▪

모세가 죽은 뒤에 리더십은 성지 정복을 지휘했던 군사 지도자인 여호수아에게 넘어갔다. 모세의 영적 리더십이 없어지자 이스라엘 백성은 길을 잃고 우상을 숭배했으며 정복을 당했다. 훗날 하나님은 그 백성을 지도할 사사들을 세우셨고, 이 지도자들은 권력을 다루는 법에 대해 중요한 통찰을 제공한다.

때로는 이스라엘이 그처럼 지혜롭고 유능한 리더십 없이 지내야 했는데, 그런 생활은 사사의 중요한 역할을 잘 보여주었다. "여호와께서 그들을 위하여 사사들을 세우실 때에는 그 사사와 함께하셨고, 그 사사가 사는 날 동안에는 여호와께서 그들을 대적의 손에서 구원하셨으니, 이는 그들이 대적에게 압박과 괴롭게 함을 받아 슬피 부르짖으므로 여호와께서 뜻을 돌이키셨음이거늘, 그 사사가 죽은 후에는 그들이 돌이켜 그들의 조상들보다 더욱 타락하여 다른 신들을 따라 섬기며 그들에게 절하고, 그들의 행위와 패역한 길을 그치지 아니하였더라"(삿 2:18-19).

사사들의 리더십이 언제나 완벽하진 않았지만 훗날 왕들이 지배하는 시대의 곤경과는 큰 대조를 이루었다. 왕들은 분열과 억압과 폭력을 불러오기 일쑤였다. 어떤 경우에는 왕들이 책임을 잘 수행하기도 했으나 그렇지 못한 경우가 더 많았다.

사사들과 왕들의 중요한 차이점은 이야기 곳곳에 나오는 다음의 진술에 담겨 있다. "그때에는 이스라엘에 왕이 없었으므로 사람마다 자기 소견에 옳은 대로 행하였더라"(삿 17:6; 19:1; 21:25).

사사는 일상사를 통제하는 직위로 굳어지지 않으면서 리더십을 제공하는, 유기적 역할을 수행한 인물이다. 사사가 없을 때보다는 있을 때가 낫긴 했지만 그렇다고 반드시 필요한 행정 직책은 아니었다. 하나님의 임명을 받는 사사들은 뚜렷한 계보도 없었다. 그들은 사회의 각계각층에서 나왔고, 심지어 드보라라는 여인은 이스라엘을 또 다른 압제에서 해방시켜 40년간의 평화를 누리게 했다 (삿 4-5장).

사사는 통치자가 아니었다. 이는 한 사사가 세습 통치의 요청을 받았을 때 보인 반응으로 알 수 있다. "그때에 이스라엘 사람들이 기드온에게 이르되, '당신이 우리를 미디안의 손에서 구원하셨으니 당신과 당신의 아들과 당신의 손자가 우리를 다스리소서' 하는지라. 기드온이 그들에게 이르되, '내가 너희를 다스리지 아니하겠고, 나의 아들도 너희를 다스리지 아니할 것이요, 여호와께서 너희를 다스리시리라' 하니라"(삿 8:22-23).

기드온의 반대에도 불구하고 그의 사생아가 그를 계승하게 되었다. 아비멜렉이라 불렸던 이 아들은 세겜에 사는 외가 친척들의 충성심을 이용하여 노골적인 권력 다툼에서 그의 의붓 형제 70명 중 한 명을 제외하고 모두 죽이고 말았다. 이어서 그는 왕으로 선포되었다(삿 9:1-6).

유일하게 살아남은 요담은 왕이 되려는 나무들의 비유를 들어 비루한 군주제에 대해 경고했다. 내용인즉 나무들이 왕으로 삼으려고 감람나무와 무화과나무와 포도나무에게 접근했으나 모두 제각기 유용한 일에 초점을 맞추려고 왕의 직책을 거절했다. 마지막에 가시나무에게 접근했더니 그는 기꺼이 왕좌를 차지하겠다고 했다는 비유다(삿 9:7-21).

이 이야기는 대중이 선택한 통치자라도 반드시 좋은 지도자인 것은 아님을 경고해 준다. 아울러 왕이 되고 싶은 사람에게 그냥 믿고 그 직책을 맡겨서는 안 된다는 것을 시사한다. 곧 이어서 민중이 선출한 지도자라도 영구적인 통치권이 없다는 것을 알게 된다. "[몇 년 후] 하나님이 아비멜렉과 세겜 사람들 사이에 악한 영을 보내시매, 세겜 사람들이 아비멜렉을 배반하였으니, 이는 여룹바알의 아들 칠십 명에게 저지른 포학한 일을 갚되, 그들을 죽여 피 흘린 죄를 그들의 형제 아비멜렉과… 세겜 사람들에게로 돌아가게 하심이라"(삿 9:23-24).

여기에서 하나님은 한 지도자를 전복하는 데 중요한 역할을 하셨다. 이는 통치자들은 하나님이 세우셨으므로 그들을 도전하면 안 된다는 일반적인 상념에 어긋나는 일이다. 아비멜렉에 대한 반란은 하나님이 통치자뿐 아니라 반역자도 세우시는 분임을 보여준다. 이런 교훈에도 불구하고 사사들의 시대는 얼마 남지 않았다.

사사에서 왕으로 넘어가는 장면은 지도자와 통치자의 차이를 잘 보여주기 때문에 권력의 이해에 매우 중요하다. 지도자들은 어느 조직에나 필요한 주도권과 조정 역할을 제공한다. 반면에 통치자들은 백성의 삶에 부정적인 영향을 미치기 일쑤고, 하나님도 그들을 좋아하지 않으신다는 것을 보게 될 것이다.

사사였던 사무엘이 은퇴하면서 사사 시대는 막을 내리고 왕의 시대에 접어들었다. 사무엘이 아들들을 후계자로 임명했으나 그들은 타락한 인물들로 판명되었다. 그 결과, 이스라엘 백성은 사무엘에게 다른 나라들과 같이 되려고 왕을 달라고 요구했다. 사무엘이 하나님께 말씀드리자 하나님은 그것을 기뻐하지 아니하시고, 결국은 그들이 후회할 것이라고 경고하셨다.

"백성이 네게 한 말을 다 들으라. 이는 그들이 너를 버림이 아니요, 나를 버려 자기들의 왕이 되지 못하게 함이니라. 내가 그들을 애굽에서 인도하여 낸 날부터 오늘까지 그들이 모든 행사로 나를 버리고 다른 신들을 섬김같이 네게도 그리하는도다. 그러므로 그들의 말을 듣되 너는 그들에게 엄히 경고하고 그들을 다스릴 왕의 제도를 가르치라."

사무엘이 왕을 요구하는 백성에게 여호와의 모든 말씀을 말하여 이르되, "너희를 다스릴 왕의 제도는 이러하니라. 그가 너희 아들들을 데려다가 그의 병거와 말을 어거하게 하리니, 그들이 그 병거 앞에서 달릴 것이며, 그가 또 너희의 아들들을 천부장과 오십부장을 삼을 것이며, 자기 밭을 갈게 하고, 자기 추수를 하게 할 것이며, 자기 무기와 병거의 장비도 만들게 할 것이며, 그가 또 너희의 딸들을 데려다가 향료 만드는 자와 요리하는 자와 떡 굽는 자로 삼을 것이며, 그가 또 너희의 밭과 포도원과 감람원에서 제일 좋은 것을 가져다가 자기의 신하들에게 줄 것이며, 그가 또 너희의 곡식과 포도원 소산의 십일조를 거두어 자기의 관리와 신하에게 줄 것이며, 그가 또 너희의 노비와 가장 아름다운 소년과 나귀들을 끌어다가 자기 일을 시킬 것이며, 너희의 양 떼의 십분의 일을 거두어 가리니 너희가 그의 종이 될 것이라. 그 날에 너희는 너희가 택한 왕으로 말미암아 부르짖되 그날에 여호와께서 너희에게 응답하지 아니하시리라" 하니,

백성이 사무엘의 말 듣기를 거절하여 이르되, "아니로소이다. 우리도 우리 왕이 있어야 하리니, 우리도 다른 나라들같이 되어 우리의 왕이 우리를 다스리며, 우리 앞에 나가서 우리의 싸움을 싸워야 할 것이니이다" 하는지라.

사무엘이 백성의 말을 다 듣고 여호와께 아뢰매, 여호와께서 사무엘에게 이르시되, "그들의 말을 들어 왕을 세우라" 하시니, 사무엘이 이스라엘 사람들에게 이르되, "너희는 각기 성읍으로 돌아가라" 하니라. (삼상 8:7-22)

성경 기록에 따르면, 왕들의 시대는 오래도록 서서히 부도덕의 구렁텅이로 빠져들었다. 이에 관한 성경 이야기는 거룩한 책이 아닌 로맨스 소설에나 나올 법한 것들이다. 초기의 가장 위대한 왕이었던 다윗조차 권력을 심각하게 남용했다. 먼저는 기혼녀인 밧세바와 성관계를 가졌고, 나중에 밧세바가 임신한 것을 알고는 그녀와 결혼하려고 밧세바의 남편을 죽음으로 몰아넣었다(삼하 11장).

어떤 왕들은 야비한 행동으로 잠시 평온을 되찾긴 했으나 사사시대와 같은 장기간의 평화는 결코 누리지 못했다.

이스라엘의 몰락

．．．．

왕이 다스리던 시대에 어느 정도의 권력 분립이 있긴 했다. 영적인 질서를 유지했던 제사장 계급이 한몫을 한 것이다. 그래도 왕의 주제넘는 행동을 막을 수 있는 것은 거의 없었다. 최초의 왕이었던 사울도 이런 경계선을 넘고 말았다(삼상 13:8-14). 때로는 영적 권력과 정치권력 사이에 심각한 긴장이 표면화되기도 했고, 제사장이 반역을 성공적으로 주도한 적도 있었다(왕하 11:4-12).

사무엘의 예측은 제사장으로서 왕의 권력을 견제하려는 의도도 있었지만 정확히 들어맞았다. 오래지 않아 널리 퍼져 있던 노예들이 이스라엘로 돌아왔다. 성막 건축을 위해 사람들이 자원해서 낸 예물은 넘쳐났지만 솔로몬의 성전 건축은 강제 노동과 타국인 두로의 협력에 의존했다. 솔로몬의 왕궁(성전보다 훨씬 크고 완성하는 데도 두 배의 기간이 들었다)도 강제 노역으로 세워졌고, 이 노예들은 영구적인 노동력으로 변했다(왕하 5-7장; 9:15-23).

이스라엘 사람은 노예 신분을 면제받았지만 통치자의 재산을 늘리는 데 동원되었으므로 삶이 녹록하지 않았다. 솔로몬의 아들 르호보암이 왕좌에 올랐을 때 백성들이 개혁을 요청했으나 상황은 오히려 악화되었다.

"왕의 아버지가 우리의 멍에를 무겁게 하였으나 왕은 이제 왕의 아버지가 우리에게 시킨 고역과 메운 무거운 멍에를 가볍게 하소서. 그리하시면 우리가 왕을 섬기겠나이다."

르호보암이 대답하되, "갔다가 삼일 후에 다시 내게로 오라" 하매 백성이 가니라.

…삼일 만에 여로보암과 모든 백성이 르호보암에게 나아왔으니, 이는 왕이 명령하여 이르기를, "삼일 만에 내게로 다시 오라" 하였음이라. 왕이 포학한 말로 백성에게 대답할새 노인의 자문을 버리고 어린 사람들의 자문을 따라 그들에게 말하여 이르되, "내 아버지는 너희의 멍에를 무겁게 하였으나 나는 너희의 멍에를 더욱 무겁게 할지라. 내 아버지는 채찍으로 너희를 징계하였으나 나는 전갈 채찍으로 너희를 징치하리라" 하니라. 왕이 이같이 백성의 말을 듣지 아니하였으니 이 일은 여호와께로 말미암아 난 것이라. (왕상 12:4-15)

열두 지파 가운데 열 지파가 반역하는 바람에 독립된 통일국가 시대는 막을 내렸다. 하나님이 그 반역을 지지하신다는 사실이 통일왕국을 유지하려고 했던 이들에게 명백히 드러났다. 하나님은 유다의 충신들에게 "너희는 너희 형제와 싸우지 말고 각기 집으로 돌아가라. 이 일이 내게로 말미암아 난 것이라!"라고 말씀하셨다 (대하 11:4).

이제 한 나라가 둘로 나뉘었고 때로는 동맹을 맺고, 종종 사이가 좋지 않거나 때로는 서로 전쟁을 벌이는 관계가 되었다. 남쪽 왕국은 유다로서 북쪽보다 적은 지파들로 이뤄졌지만 거룩한 도시 예루살렘을 장악하고 있었다. 북쪽 왕국인 이스라엘은 대부분의 지파를 갖고 있었지만 거룩한 도시에서 단절되어 있었다. 두 나라 모

협동조합, 성경의 눈으로 보다

두 기나긴 내리막길을 걷다가 결국은 전복되어 이른바 바벨론 포로 시대로 접어들었다.

내리막길이 이어지는 동안 두 왕국에서 많은 선지자들이 일어났고 이들의 메시지가 구약성경의 마지막 부분을 장식하고 있다. 그들의 예언은 우리가 서로를 어떻게 돌봐야 하는지에 대해 많은 교훈을 주고, 또 그렇지 못할 때에 따르는 심각한 결과를 경고하기도 했다. 모두 인용할 필요는 없지만, 한 가지 본보기만 보아도 선지자의 메시지에 사회정의가 얼마나 많이 등장하는지를 볼 수 있다.[1]

이사야서의 첫 장에는 하나님께서 의례보다 정의를 선호하신다고 선언하는 대목이 나온다.

> "너희가 손을 펼 때에 내가 내 눈을 너희에게서 가리고, 너희가 많이 기도할지라도 내가 듣지 아니하리니, 이는 너희의 손에 피가 가득함이라. 너희는 스스로 씻으며 스스로 깨끗하게 하여 내 목전에서 너희 악한 행실을 버리며 행악을 그치고, 선행을 배우며 정의를 구하며, 학대받는 자를 도와주며, 고아를 위하여 신원하며, 과부를 위하여 변호하라." (사 1:15-17)

아모스 역시 사회정의의 중요성을 역설했다. 그는 의례에 의지하지 말고 선을 행하라는 이사야의 요구를 반복했고, 불의한 행위가 이스라엘이 범하는 집단적인 죄악의 으뜸이라고 지적했다.

> 여호와께서 이와 같이 말씀하시되, "이스라엘의 서너 가지 죄로

말미암아 내가 그 벌을 돌이키지 아니하리니, 이는 그들이 은을 받고 의인을 팔며, 신 한 켤레를 받고 가난한 자를 팔며, 힘없는 자의 머리를 티끌 먼지 속에 발로 밟고, 연약한 자의 길을 굽게 하며, 아버지와 아들이 한 젊은 여인에게 다녀서 내 거룩한 이름을 더럽히며, 모든 제단 옆에서 전당 잡은 옷 위에 누우며, 그들의 신전에서 벌금으로 얻은 포도주를 마심이니라." (암 2:6-8)

호세아, 미가, 예레미야, 그리고 하박국 역시 정의를 매우 강조했지만 이 모든 선지자의 노력은 수포로 돌아가고 말았다. 흔히 그렇듯이 이스라엘 백성도 자기네가 집단적인 불의에 동참하고 있다는 사실에 개의치 않고 평상시대로 지냈다. 두 왕국 모두 분열과 부패와 내분이 계속되다가 결국은 예루살렘이 바벨론 사람에게 파괴되었다.

상황이 어떠하든지 본향에서 쫓겨나는 일은 불행이다. 그런데 유다 백성의 경우에는 모욕까지 더해졌다. 그곳은 하나님의 약속에 따라 받은 땅인데 거기서 쫓겨난다는 것은 종교적 실패의 증거였기 때문이다. 이제 하나님의 선민(選民)이 퇴폐적인 상업제국인 바벨론으로 잡혀가면서 하나님의 도시는 몇 세대 동안 황무지로 남게 되었다. 무언가 심각하게 잘못된 것이 분명했다.

에스겔은 포로 시대에 불의야말로 나라를 곤경에 빠뜨린 가장 큰 이유라고 설파했던 선지자였다. 그리고 장래를 내다보며 회복된 나라의 통치 규율을 길게 묘사하기도 했다. 그의 예언은 왕이 백성에게 요구할 수 있는 것을 명백하게 제한했고(겔 45:7-25), 그들에게서 땅을 빼앗는 것을 금지했다(겔 46:18).

에스겔은 왕의 역할을 언급하지 않았다. 이것을 빠뜨린 것은 왕이라는 최고 직책이 없어지거나 적어도 하나님의 몫으로 돌아가야 한다는 것을 암시한다. 이스라엘은 이미 왕권의 실수를 저질렀기 때문에 에스겔은 그런 오류가 반복되는 것을 막으려고 했다.

유대민족이 포로 생활에서 돌아온 뒤에도 스가랴와 말라기 같은 선지자들은 계속해서 정의를 역설했다. 이 후기 선지자들은 그동안 파탄을 초래한 옛날 방식으로 되돌아가는 것을 피하려 한 것이다. 말라기는 또한 장차 메시아를 통해 하나님이 불의한 행위에 대해 책임을 물으실 것이라고 경고했다. 그가 기록한 하나님의 말씀은 이렇다. "내가 심판하러 너희에게 임할 것이라. 점치는 자에게와 간음하는 자에게와 거짓 맹세하는 자에게와 품꾼의 삯에 대하여 억울하게 하며, 과부와 고아를 압제하며, 나그네를 억울하게 하며, 나를 경외하지 아니하는 자들에게 속히 증언하리라." (말 3:5)

예루살렘의 재건

홋날 예수가 모범을 보일 섬기는 리더십은 놀랍게도 예루살렘 성벽의 재건에 관한 이야기를 담고 있는 느헤미야서에 등장한다. 이 재건 작업은 이스라엘 사람을 거룩한 땅으로 돌아오게 하는 과정에 일어나는 중요한 사건인 만큼 구약성경에 기록된 매우 귀한 사건 가운데 하나이다. 성경이 그 과정을 상세히 묘사하고 있으므로, 거기서 우리는 많은 교훈을 얻을 수 있다.

포로 생활은 70년간 계속된 것으로 알려져 있는데, 그 마지막 시점에 성전이 재건되기 시작했다. 예루살렘이 멸망한 지 100년 넘게 흘렀어도 그 도시는 여전히 황폐한 상태에 있었다. 성전은 재건되었지만 보호막이 없었다. 성전에서 예배하는 사람들의 안전과 독립을 보장할 만한 것이 전혀 존재하지 않았다는 말이다.

느헤미야는 회복 작업이 지지부진하다는 소식을 들었고, 분권화된 풀뿌리 인력으로 성벽을 재건하라는 사명을 하나님께 받았다. 이 과업을 이미 높은 자리에 있는 사람에게 맡겼으면 더 간단했겠지만, 하나님은 아직도 포로 신세를 면치 못한 평범한 인물에게 위임했다.

느헤미야는 먼저 행동 방침을 정한 뒤에 공식 채널 밖에서 일하여 공식적인 리더들을 끌어들였다. 다행히도 리더들은 이 접근의 장점을 보았고 일이 신속히 진행되었다(느 2:16-18). 느헤미야는 비범한 재능을 발휘하여 여러 집단을 조직했고 집단마다 가장 가까운 성벽을 담당하도록 했다. 그곳을 점령하고 있던 권력은 재건 작업을 반대했기 때문에 이스라엘은 늘 공격당할 위험이 있었다. 그래서 사람들이 일과 경계를 교대로 수행하는 집단 방어 전략을 수립했다. 방어는 중앙집권화된 협조체제지만 궁극적으로는 모든 사람의 책임이었다. 사람들이 수고하는 동안 경계근무를 서는 군인이 없었다는 말이다(느 4:16-23).

재건 작업이 그 지역 경제를 뒤흔드는 바람에 많은 사람이 가난한 처지에 빠졌다. 이 문제를 다루기 위해 느헤미야는 공회를 소집하여 부자들에게 책임을 묻고 포괄적인 구제책을 밀어붙였다.

[느헤미야가] 그들에게 이르기를 "우리는 이방인의 손에 팔린 우리 형제 유다 사람들을 우리의 힘을 다하여 도로 찾았거늘 너희는 너희 형제를 팔고자 하느냐? 더구나 우리의 손에 팔리게 하겠느냐?" 하매,

그들이 잠잠하여 말이 없기로 내가 또 이르기를 "너희의 소행이 좋지 못하도다. …그런즉 너희는 그들에게 오늘이라도 그들의 밭과 포도원과 감람원과 집이며 너희가 꾸어준 돈이나 양식이나 새 포도주나 기름의 백의 일을 돌려보내라" 하였더니,

그들이 말하기를 "우리가 당신의 말씀대로 행하여 돌려보내고, 그들에게서 아무것도 요구하지 아니하리이다" 하고. (느 5:8-12)

느헤미야는 공식적인 리더십 직책을 취했지만 그 자신의 자원을 이용하여 상당한 대접을 베풀었다. 그는 이렇게 회상했다. "또 내 상에는 유다 사람들과 민장들 백오십 명이 있고… 비록 이같이 하였을지라도, 내가 총독의 녹을 요구하지 아니하였음은 이 백성의 부역이 중함이었더라"(느 5:17-18).

느헤미야는 우리에게 풀뿌리 리더십의 중요성을 가르쳐 준다. 유다 왕은 바벨론 사람들과 협정을 맺었기 때문에 예루살렘 방어벽을 재건하는 작업을 주도할 수 없었다. 그리하여 그것은 하나님의 영감을 받은 지도자, 곧 동급 중의 첫째 역할을 하는 인물이 조직한 분권화된 공동체에 맡겨졌다. 이는 진정한 풀뿌리 프로젝트였고, 분권화된 접근이 복잡하고 중요한 대규모 프로젝트들에 사용될 수 있음을 잘 보여준다.

이 분권화야말로 협동조합의 중요한 요소 가운데 하나다. 일치된 비전은 있었으나 세세한 관리가 없이 그 작업이 완수되었다. 성벽 각 부분에 가까이 사는 주민들은 자기네가 누구인지 그리고 자기네가 무엇을 기여해야 하는지에 따라 다 함께 작업했다. 느헤미야서 3장에 따르면, 작업팀의 규모가 아주 다양했고 그 가운데 몇 개는 각 개인의 이름이 모두 기록될 만큼 작았다. 한 팀이 건축한 부분들도 그 폭이 한 집 정도에서 길이가 450미터에 이르기까지 다양했고, 몇 팀은 제각기 다른 문을 담당했다. 리더십 직책은 재건 작업에서의 역할과 직접적인 관계가 없었다. 한 경우에는 사람들이 지도자 없이 작업했다(느 3:5). 또 다른 경우에는 예루살렘의 절반을 다스리는 지도자가 자기 딸들과 팀을 만들어 일하기도 했다(느 3:12).

성벽은 잘 편성된 설계 없이 건축되었는데도 어쩐지 전반적으로 잘 들어맞았다. 마찬가지로 협동조합들 역시 본래 편성 작업 없이 시작되었지만 다 함께 묶일 수 있다. 일치된 목적이 있는 한 중앙 집권적인 관리는 불필요하다.

평등의 정신으로 다 함께 희생하여 성벽을 재건한 결과, 시작하는 데만 한 세기 이상이 걸렸던 작업이 불과 52일 만에 끝났다(느 6:15). 이는 참으로 협동의 기적이었고, 장차 이뤄질 일의 맛보기와 같았다.

3

섬기는 지도자

새로운 세상을 위한 복음서 모델

예수는 섬기는 리더십과 정의를 중심으로 구약의 전통들과 가르침을 이어갔지만, 여러 면에서 이런 행습들을 새로운 차원으로 올려놓았다. 그의 리더십은 왕보다 사사에 더 가까웠고 사람들에게 새로운 차원의 자유와 책임을 선사했다. 이는 느헤미야의 리더십과 함께 출현한 성숙한 면모가 자연스레 발전한 것이었다.

그런데 예수의 사역을 다루기에 앞서 사복음서 시대 이전의 공백을 살펴봐야겠다. 구약성경의 마감과 신약성경의 출범 사이에 여러 세기가 흘러갔다. 그 기간의 상당 부분은 이스라엘이 바벨론 제국과 이집트 제국의 틈새에 있던 시기였다. 주전 165년에 일어난 마카베오 반란을 계기로 하스모니아 왕국은 한 세기 동안 독립 국가의 지위를 누렸다.

이 국가는 통치자와 대제사장의 역할을 겸비한 세습 왕조가 지배했다. 마치 이스라엘이 바벨론의 포로가 되기 전에 내분과 부패와 무능함으로 무너졌듯이 하스모니아 왕국도 그렇게 붕괴되었다. 이 왕국은 주전 63년에 몰락하여 로마제국에 편입되었다.

예수는 잔뜩 긴장된, 복잡한 사회에 태어났다. 당시 메시아에 대한 고대가 편만했기 때문에 사람들은 당연히 구원자를 바라고 있었다. 그 시대의 유대인들은 현대의 독자들에게 낯익은 몇 가지 특징을 갖고 있었다. 인구가 동질적인 농촌 마을에서 다양한 도시로 움직이고 있어서 여러 인종적 배경과 종교적 배경을 가진 자들이 공존해야만 했다. 하스모니아 국가의 상실은 그 좋았던 옛날에 대한 향수를 불러일으켰다. 퇴폐적인 제국 문화는 도덕과 예전의 공동체 의식을 약화시키고 있었다. 유대민족은 스스로 신적 권리로 믿고 있던 정치적 독립성을 잃어버렸다.

여러 종교적 당파들은 로마 통치 아래 사는 법에 대해 불편한 평형상태를 이루었다. 바리새파는 유대 율법을 엄격히 지켜야 한다고 믿었다. 사두개파는 로마인들과 협력했던 귀족 집단이었다. 열심당은 혁명을 믿고 무장 봉기를 준비했다. 에세네파는 사회에 등을 돌린 채 각 회원을 제사장으로 여기는 별도의 공동체에 살았다.

예수는 가난한 집에서 태어나 노숙자로 지냈으며, 이런 배경에서 그의 사역을 시작했다. 그는 어린 시절에 정의를 빼앗겼기 때문에 정의를 요구한 것은 놀랄 일이 아니다(마 2:16-20을 보라). 그런데 이런 구약 전통이 이어지고 있다는 사실은 그분의 언행이 기록되기도 전에 명백히 드러난다.

마리아는 임신 중에 하나님의 취지를 이렇게 노래했다. "그의 팔로 힘을 보이사 마음의 생각이 교만한 자들을 흩으셨고, 권세 있는 자를 그 위에서 내리치셨으며, 비천한 자를 높이셨고, 주리는 자를 좋은 것으로 배불리셨으며, 부자는 빈손으로 보내셨도다"(눅 1:51-53).

세례 요한 역시 예수의 정의 사역을 위한 기초를 놓았다. 사람들로부터 "어떻게 해야 하는가?"라는 질문을 받자 이렇게 단도직입적으로 응답했다. "옷 두 벌 있는 자는 옷 없는 자에게 나눠줄 것이요, 먹을 것이 있는 자도 그렇게 할 것이니라"(눅 3:11). 이어서 세리들과 군인들에게 자기 직책을 남용하지 말라고 지시했다.

회개하라는 요한의 외침은 정의와 평등과 협동을 역설하는 예수의 메시지를 위해 길을 예비했다. 예수의 가르침은 여러 형태를 띠고 있지만 그 복음 메시지의 중심부에는 이 세 가지가 있었다. "무엇이든지 남에게 대접을 받고자 하는 대로 너희도 남을 대접하라. 이것이 율법이요 선지자니라"(마 7:12). 이 황금률에 따르면, 우리는 어떤 이들을 상관으로 올려다보고 다른 이들은 내려다보면 안 된다. 그리고 타인을 가난에 빠뜨려서 부를 향유해서도 안 된다.

예수는 두 가지 큰 계명을 주었다. "네 이웃을 네 자신같이 사랑하라"는 계명은 하나님을 사랑하라는 계명과 동등한 둘째 계명이다(마 22:39). 예수는 우리에게 타인을 대하는 방식을 통해 하나님에 대한 사랑을 보여주라고 가르쳤은즉, 이 두 계명은 서로 얽혀 있는 것이다. 하나님 사랑과 서로에 대한 사랑은 동전의 양면이다.

사랑으로 행하라

■"■■

예수는 하나님이 상호 간의 행위를 자기에게 하는 것으로 여기신다고 경고했다. 한 이야기를 통해 하나님이 관대한 자에게 은총을 베푸신다는 것을 가르쳤다. "내가 주릴 때에 너희가 먹을 것을 주었고, 목마를 때에 마시게 하였고, 나그네 되었을 때에 영접하였고… 너희가 여기 내 형제 중에 지극히 작은 자 하나에게 한 것이 곧 나에게 한 것이니라!"(마 25:35-40)

우리는 사랑을 흔히 내면의 상태나 타인에 대한 정서적 태도로 생각한다. 그러나 예수는 "너희가 서로 사랑하면 이로써 모든 사람이 너희가 내 제자인 줄 알리라"(요 13:35)라는 말씀으로 행동의 필요성을 강조했다. 정서적인 상태만으로는 불충분하다. 세상을 설득하려면 외적인 행위가 수반되어야 한다.

협동이 예수 사역의 유일한 취지는 아니었지만 매우 중요한 것이었음이 분명하다. 그분은 불의에 대한 항거를 큰 줄기로 삼는 예언의 전통을 잇고 있었기 때문이다.

이 연속성은 예수의 공적 사역에 금방 드러난다. 초창기에 있었던 공개적인 설교에서 예수는 이사야서의 한 대목을 인용했다고 누가는 전한다. "주의 성령이 내게 임하셨으니, 이는 가난한 자에게 복음을 전하게 하시려고 내게 기름을 부으시고, 나를 보내사 포로 된 자에게 자유를, 눈먼 자에게 다시 보게 함을 전파하며, 눌린 자를 자유롭게 하고, 주의 은혜의 해를 전파하게 하려 하심이라"(눅 4:18-19).

누가는 또한 예수가 다음과 같은 말로 팔복을 시작한 것으로 기록하고 있다. "너희 가난한 자는 복이 있나니 하나님의 나라가 너희 것임이요"(눅 6:20).

예수는 또한 압제에 반대하는 설교를 했고 집안을 흔들어 놓는 것도 두려워하지 않았다. "내가 세상에 화평을 주러 온 줄로 생각하지 말라! 화평이 아니요 검을 주러 왔노라. 내가 온 것은 사람이 그 아버지와, 딸이 어머니와, 며느리가 시어머니와 불화하게 하려 함이다"(마 10:34-35). 이것은 단지 집안 식구들 간의 분열에 그치는 것이 아니라 집안의 연장자에 대한 반항을 도발하는 발언이기도 하다.

이런 예들만 봐도 예수가 당시의(혹은 우리 시대의) 현상유지와는 다른 어떤 것을 지향하고 있었음을 알 수 있다. 그분의 메시지는 일차적으로 개인의 행위에 관한 것이 아니었다. 물론 개인의 선택이 중요하지만 어디까지나 사회구조에 미치는 영향에 비추어 봐야 한다. 가족의 분열을 통해 공동체를 건설한다고 하면 이상하게 들릴지 몰라도, 공공 영역의 위계질서는 가정에서 배운 습관 위에 세워져 있다. 사람들은 그 무엇보다도 부모의 명령을 따르는 법을 배운다. 이는 어린 시절에는 쓸모가 있으나 어른이 되면 역효과를 낸다. 예수는 우리가 내던져야 할 뿌리 깊은 교훈들이 있다는 것을 명백히 인식하고 있었다.

현대 그리스도인들은 성경이 기득권에 대한 사회적 반항을 부추긴다는 해석에 이의를 제기하며 오히려 정부에 대한 순종을 격려하지 않느냐고 말할지 모른다. 예수는 적극적으로 노예제를 비난하지 않았고 그것을 자연적인 질서의 일부로 보는 것처럼 슬쩍 언급하였다.

그래도 예수는 우리의 다양한 지위와 상관없이 급진적인 평등을 비전으로 일관되게 제시한다(막 10:41-44). 이런 비전은 리더십이나 권위를 배제하는 것은 아니지만 부유한 독재자와 양립하기는 어렵다. 예수는 적극적으로 세상의 통치자들을 공격하진 않았지만 그들에게 정통성을 부여한 적도 거의 없었다.

나눔에 관한 교훈

예수의 언행을 보면 경제와 정의가 대표적인 주제로 등장한다. 특히 예수가 제자들을 개별적인 삶에서 벗어나 새로운 공동체에 참여하도록 불렀을 때에 두드러지게 나타난다. 그분은 올바른 가치관을 못 가르쳤던 회당에서 사람들을 끌어내지 않고 그런 가치관을 일상생활에 심고자 노력했다.

성경은 예수의 동반자들이 자원을 공유했다고 한다. 그리고 유다가 공동 기금을 관리했는데, 이따금 그 일부를 착복하기도 했다고 기록하고 있다(요 12:6).

예수가 행한 기적들의 대부분은 사회적 성격을 띠고 있었다. 요한에 따르면, 예수가 자기의 영광을 드러낸 최초의 기적은 혼인 잔치에서 물을 포도주로 만든 일이었다. 그 양이 무려 380리터나 되었으므로 잔치가 계속되는 데 지장이 없었을뿐더러 더 이상 포도주가 바닥날 가능성이 없을 정도로 충분하고도 남았다. 재정적 가치의 기본인 결핍이 제거된 결과, 참석자들은 교환의 경제에서 선물의 경제로 옮겨졌다.

이와 마찬가지로, 예수가 훗날 작은 양의 떡과 물고기로 수많은 사람을 먹인 뒤에도 상당량이 남았다. 이 기적은 사복음서 모두에 기록되어 있고, 마가복음과 마태복음은 두 차례나 언급하고 있다. 마태복음에 따르면, 떡 다섯 덩이와 물고기 두 마리로 남자 오천 명과 그들의 가족을 먹이고도 열두 바구니가 남았다고 한다(마 14:15-21). 이런 기적은 사회적 성격뿐만 아니라 참여적 성격도 지니고 있었다. 이런 풍성함은 한순간에 생긴 것이 아니라 각 사람이 옆 사람과 나누면서 점차 생성된 것이다.

나눔은 양방향으로 일어났다. 노동으로 인한 이익뿐 아니라 노동도 공유할 필요가 있었다. 천국의 비유 중에 하나는 열 처녀의 이야기다(마 25:1-13). 다섯은 지혜로워서 등불을 밝힐 기름이 충분했다. 그러나 이들은 준비를 못 갖춘 어리석은 다섯과 나누기를 거부했다. 따라서 어리석은 다섯은 기름을 구하러 가야 했고, 그들이 돌아올 때에는 이미 혼인식에 들어가는 문이 닫힌 상태였다.

이 단락은 노동의 공유와 자원의 공유 사이에 균형이 필요하다는 점을 보여준다. 나눔에는 한계가 있는 법이고, 기여하지 않기로 한 이들은 도움을 기대하면 안 된다. 이 어리석은 처녀들은 가난하지 않았고 장애인들도 아니었다. 마땅히 할 일을 하지 않았던 자들이었다.

이 이야기는 나눔에 기반을 둔 모든 시스템에 중요한 교훈을 준다. 즉, 개개인은 타인의 관대함을 이용하지 말고 자기의 책임을 담당해야 한다는 것이다. 과부와 아이들은 의존이 불가피하므로 도움을 받아야 하지만 일할 능력이 있는 이들은 결코 공짜를 기대하면 안 된다.

현재의 자원과 함께 책임 있게 일해야 한다는 교훈은 그다음에 나오는 단락, 곧 달란트의 비유에서 더욱 강조되고 있다. 세 명의 종에게 투자할 자금을 주었는데, 둘은 현명한 선택을 해서 그 몫을 두 배로 늘린 반면에 한 종은 돈을 안전하게 보존하려고 땅에 묻어두었다. 이에 대해 주인은 다음과 같이 반응한다. "무릇 있는 자는 받아 풍족하게 되고 없는 자는 그 있는 것까지 빼앗기리라"(마 25:29).

이 단락은 때때로 개인의 재정적 성공을 정당화하는 데 이용되지만, 이런 해석은 이 가르침의 전반적인 문맥에 잘 들어맞지 않는다. 오병이어의 기적으로 예수는 희소한 자원을 내놓는 것이 기적적인 결과를 초래할 수 있음을 보여주었다. 자원을 나누는 일보다 그것을 더 잘 사용하는 길이 과연 있을까?

성경에 나오는 유명한 이야기 중의 하나는 경건한 부자 청년이 재산을 포기하라는 예수의 말씀을 들었으나 그렇게 할 마음이 없어서 비통한 심정으로 떠나갔다는 것이다. 예수는 그 청년의 실패를 이용하여 다른 이들에게 이렇게 가르쳤다. "낙타가 바늘귀로 들어가는 것이 부자가 하나님의 나라에 들어가는 것보다 쉬우니라!"(눅 18:25).

나눔은 종종 우리의 소유를 포기하는 것을 내포하기 때문에 어렵게 느껴진다. 하지만 남들이 어려울 때 우리의 재산을 축적하는 일은 결코 바람직하지 않다. 우리가 우리의 소유에 집착하는 모습은 마치 어린이가 공을 다른 아이들에게 빼앗기지 않으려고 미친 듯이 부둥켜안는 것과 비슷하다. 부둥켜안는 행위야말로 그 보물에서 유익을 얻는 것을 막는 짓이다.

예수는 재산 축적은 영적 성장에 해로운 반면에 재물을 나눠주는 일은 큰 진보의 기회가 된다는 것을 보여줌으로써 이 문제를 다루었다. 이런 예들은 사복음서에 많이 나오지만 특히 누가복음의 몇 장에 자주 등장한다.

그중의 한 대목은 물질의 축적에 대해 경고하고 있다. "자기를 위하여 재물을 쌓아두고 하나님께 대하여 부요하지 못한 자가 이와 같으니라"(눅 12:21). 이 둘은 별개의 문제처럼 보일지 모르지만, 우리가 서로를 대하는 방식은 하나님을 대하는 방식을 반영한다. 우리의 상호관계가 하나님과의 관계와 밀접히 연관되어 있다는 예수의 가르침을 기억하라. 부의 축적이 영적 성장에 걸림돌이 된다는 것을 우리는 쉽게 알 수 있다.

이 점에 대해 예수는 몇 절 뒤에 이렇게 설명한다. "너희 소유를 팔아 구제하여… 너희 보물 있는 곳에는 너희 마음도 있으리라"(눅 12:33-34). 몇 장 뒤로 가면 "너희는 하나님과 재물을 겸하여 섬길 수 없다"(눅 16:13)라고 말씀하신다.

그뿐만 아니라, 남을 구제하는 행위는 참으로 유익하다고 말씀하신다. "내가 너희에게 말하노니, 너희가 소유한 세상의 자원을 이용하여 남들에게 유익을 주고 친구를 사귀라. 그리하면 너희의 관대함으로 하늘에 너희 보상이 쌓일 것이다"(눅 16:9, NLT).

이제 우리의 자원을 사용하는 최선의 길은 그것을 붙들고 있는 것이 아니라 세상에 내보냄으로써 그 가치를 배가시키는 일임이 분명해졌을 것이다. 우리는 모두 편하게 살고 싶다. 그런데 그럴 수 있는 최선의 방법은 소유물을 손에서 놓는 것이다. 우리의 나눔은 남들에게 감동을 주어 그들도 나누게 할 터이고, 이는 극적으로 경제 상황을 바꿔놓을 수 있다.

리더십에 관한 교훈

예수는 사역을 시작하기 전에 광야에서 40일을 보내며 마귀의 시험을 받았다. 세 차례에 걸쳐 시험을 받았는데 누가복음에 기록된 두 번째 시험은 하나님이 세상의 왕국을 창조하시려고 한다는 생각을 즉시 잠재워 버린다. "마귀가 또 예수를 이끌고 올라가서 순식간에 천하만국을 보이며 이르되, '이 모든 권위와 그 영광을 내가 네게 주리라. 이것은 내게 넘겨준 것이므로 내가 원하는 자에게 주노라. 그러므로 네가 만일 내게 절하면 다 네 것이 되리라'"(눅 4:5-7).

예수가 거부한 것을 보면, 우리도 하나님의 이름으로 왕국―혹은 이에 관한 한, 민주국가―을 건설하기 원하는 이들을 의심해야 마땅하다. 그런 제의를 한 것도 마귀이고 세상의 권위를 자기 것으로 주장한 자도 마귀였다.

예수는 권력을 장악하길 거부했지만 종종 세상의 정치 및 종교 지도자들에게 미움을 받았다. 그분이 그들을 직접 공격하지도 않앉고 자기가 세상의 왕국을 건설하려고 한다는 것을 부인했는데도 그들은 여전히 위협을 느꼈다. 그분은 권력자들과 다른 방식으로 일을 처리하는 바람에 그들을 소외시켰기 때문이다.

예수는 이따금 권력 있는 자들에게 따끔한 말을 했지만 그들이 그분의 주요 관심사는 아니었다. 오히려 자기를 따르는 자들 사이에 있는 불평등을 없애는 데 관심이 많았다.

> "이방인의 집권자들이 그들을 임의로 주관하고 그 고관들이 그들에게 권세를 부리는 줄을 너희가 알거니와, 너희 중에는 그렇지 않아야 하나니, 너희 중에 누구든지 크고자 하는 자는 너희를 섬기는 자가 되고 너희 중에 누구든지 으뜸이 되고자 하는 자는 너희의 종이 되어야 하리라." (마 20:25-27)

그분은 또한 어떤 사람을 동료들보다 추어올리지 말라고 경고하며, 제자들에게 서로를 동등하게 대하도록 가르치셨다.

> "너희는 '랍비'라 칭함을 받지 말라. 너희 선생은 하나요 너희는 다 형제니라. 땅에 있는 자를 '아버지'라 하지 말라. 너희의 아버지는 한 분이시니 곧 하늘에 계신 이시니라. 또한 '지도자'라 칭함을 받지 말라. 너희의 지도자는 한 분이시니 곧 그리스도시니라. 너희 중에 큰 자는 너희를 섬기는 자가 되어야 하리라. 누구든지 자기를 높이는 자는 낮아지고 누구든지 자기를 낮추는 자는 높아지리라." (마 23:8-12)

예수는 자기가 정치질서를 뒤집어엎으려고 한다는 생각을 품지 못하게 하려고 거듭 노력한다. 적어도 한 번은 적극적으로 권력을 피했다. 많은 무리를 먹인 뒤에 "그들이 와서 자기를 억지로 붙들어 임금으로 삼으려는 줄 아시고 다시 혼자 산으로 떠나가셨다"(요 6:15).

예수가 시종일관 권력 장악을 거부했기 때문에 빌라도는 그분이 무죄하다는 것을 알았다. 그럼에도 불구하고 로마는 종교 지도자들의 요구에 밀려 그분을 처형했다. 빌라도가 누구를 놓아주면 좋겠냐고 묻자 군중은 예수를 처형하는 편을 택했다(마 27:15-26). 이것은 집단 의사 결정이 끔찍한 잘못을 저지른 두드러진 실례이다. 따라서 신중한 분별력 없이 민중의 뜻을 강요하면 안 된다. 군중의 지배는 결코 하나님의 뜻이 아니다.

동시에 하나님을 위해 일한다고 떠드는 많은 통치자들이 끔찍한 리더십을 발휘한 사실을 고려하면, 이 한 가지 사건 때문에 포용적인 의사 결정을 반드시 나쁘게만 볼 수는 없다.

징계에 관한 교훈

오랜 세월 동안 무척 다루기 어려웠던 조직의 문제는 바로 교회의 징계이다. 많은 교단과 교회들은 징계의 내용과 방법을 둘러싸고 의견이 분분하지만 사복음서는 그 집행을 별로 지지하지 않는 편이다. 그리스도인이 되는 길이 단 하나만 있다는 생각이 없었다면, 그리스도인이 연합하는 일이 얼마나 쉬워졌을지 상상해 보라.

예수의 말씀에 따르면, 우리는 보편적인 비인격적 도덕이 아니라 우리 자신의 표준에 의해 비판을 받게 된다고 한다. "비판하지말라, 그리하면 너희가 비판을 받지 않을 것이요, 정죄하지 말라, 그리하면 너희가 정죄를 받지 않을 것이요, 용서하라, 그리하면 너희가 용서를 받을 것이요"(눅 6:37).

용서는 사복음서 전체에 되풀이되는 주제인데, 때로는 그 초점이 우리가 어떻게 남을 용서할지가 아니라 어떻게 하나님께 용서를 받을지에 맞춰져 있다. 예수는 이런 말씀도 한다. "너희는 스스로 조심하라. 만일 네 형제가 죄를 범하거든 경고하고, 회개하거든 용서하라. 만일 하루에 일곱 번이라도 네게 죄를 짓고 일곱 번 네게 돌아와 내가 회개하노라 하거든 너는 용서하라"(눅 17:3-4).

예수는 어떻게 도덕을 유지할지를 행동으로 보여주었다. 간음을 범하여 돌에 맞아 죽을 뻔한 여인의 이야기에 그분의 용서가 뚜렷하게 나타난다. 그녀가 현장에서 붙잡혔는데도 그분은 죄 없는 사람이 먼저 돌로 치라고 요구해서 그녀를 구해준다. 그런 사람은 없었으므로 처형할 근거도 없었던 것이다(요 8:1-11).

징계에 관한 예수의 가장 구체적인 가르침이 오히려 화해의 기회를 제공한다.

"네 형제가 죄를 범하거든 가서 너와 그 사람과만 상대하여 권고하라. 만일 들으면 네가 네 형제를 얻은 것이요, 만일 듣지 않거든 한두 사람을 데리고 가서 두세 증인의 입으로 말마다 확증하게 하라. 만일 그들의 말도 듣지 않거든 교회에 말하고, 교회의 말도 듣지 않거든 이방인과 세리와 같이 여기라. 진실로 너희에게 이르노니, 무엇이든지 너희가 땅에서 매면 하늘에서도 매일 것이요, 무엇이든지 땅에서 풀면 하늘에서도 풀리리라." (마 18:15-18)

이것은 공동체가 회원의 죄를 다루는 방식에 관한 예수의 유일한 교훈이며, 범죄자가 스스로 잘못한 것을 고백하도록 설득해야 한다는 일종의 갈등해소 방법을 보여준다. 이 과정은 일반적인 죄에 관한 것이 아니라 구체적인 죄를 범한 범죄자에게 적용하게끔 되어 있다. 대인관계에서 손해를 입힌 경우에는 이런 절차를 밟아야 한다.

우리가 이 단락을 진지하게 받아들인다면 최악의 징벌은 공동체에서 축출하는 것이다. 추방은 많은 교회에서 하나의 전통으로 자리 잡았지만 성경적인 행습은 아니다. 이 단락은 범죄자를 이방인이나 세리와 같이 여기라고 말할 뿐이다. 그런즉 이제 달갑잖은 사람들이 어떻게 취급당하는지를 살펴볼 필요가 있겠다.

예수는 이런 달갑잖은 사람들을 축출하기보다 그들을 찾아 나선 것처럼 보인다. 그분은 그의 사도인 마태를 비롯한 많은 세리들과 종종 시간을 보냈다(마 9:9-13). 유대인들은 사마리아 종족을 경멸했는데도 그분은 사마리아 여인을 치유한 뒤에 그 마을에서 이틀이나 묵었고, 그로 말미암아 많은 회심이 일어났다(요 4:39-41).

예수는 또한 추방은 공동체를 더 손상시킬 것이므로 죄인들을 내쫓지 말라고 가르쳤다. 가라지와 곡식의 이야기가 좋은 예다. 농민의 원수가 곡식 가운데 가라지를 뿌렸는데, 농민은 가라지를 뽑다가 곡식이 상할까 우려하여 가라지가 곡식 가운데 자라도록 내버려 둔다는 이야기다(마 13:29-30).

예수는 또한 잃은 양, 잃은 동전, 방탕한 아들에 관한 이야기들도 들려주었다(눅 15:1-31). 모두 잃은 것을 찾다가 기쁘게 되찾았다는 이야기다. 그분이 늘 용서를 설파하였고 서로 비판하지 말라고 권면한 것을 고려하면 이것은 결코 놀랄 일이 아니다.

이 모든 이야기는 좇아야 할 법과 범법에 대한 징벌의 규정과 잘 어울리지 않는다. 물론 율법에 관한 예수의 메시지가 상당히 복합적인 것은 사실이다. 한편으로 그분은 이렇게 말씀한다. "내가 율법이나 선지자를 폐하러 온 줄로 생각하지 말라. 폐하러 온 것이 아니요 완전하게 하려 함이라"(마 5:17).

다른 한편, 예수는 여러 경우에 그 율법을 적용하지 않았다. 예컨대 간음한 여인을 처형에서 구해주고(요 8:1-11), 유산 분배의 문제를 해결해 달라는 요청을 받자 "누가 나를 너희의 재판장이나 물건 나누는 자로 세웠느냐?"라고 반문하셨다(눅 12:13-14). 심지어는 심판에 반대하는 발언까지 하신다. "사람이 내 말을 듣고 지키지 아니할지라도 내가 그를 심판하지 아니하노라. 내가 온 것은 세상을 심판하려 함이 아니요 세상을 구원하려 함이로다"(요 12:47).

우리가 예수를 좇으려면 우리 역시 서로를 판단하지 말아야 한다. 그렇지만 교회 징계의 토대는 특정한 행위를 풀거나 매는 판단에 있다. 예를 들어, 마태복음 16장 18-19절을 기초로 로마가톨릭은 예수가 베드로에게 매고 풀 수 있는 권한을 주었다고 가르친다. 그 권위가 지금은 교황에게 부여되어 있다.

이 단락을 좀 더 자세히 살펴보면 무척 애매모호하다. 이 핵심 구절은 예수가 베드로에게 한 말씀과 공동체에 한 말씀의 중간에 놓여 있다.

> "또 내가 네게 이르노니, 너는 베드로라. 내가 이 반석 위에 내 교회를 세우리니 음부의 권세가 이기지 못하리라. 내가 천국 열쇠를 네게 주리니, 네가 땅에서 무엇이든지 매면 하늘에서도 매일 것이요, 네가 땅에서 무엇이든지 풀면 하늘에서도 풀리리라" 하시고, 이에 제자들에게 경고하사 자기가 그리스도인 것을 아무에게도 이르지 말라 하시더라. (마 16:18-20)

예수가 그 순간 베드로에게 말씀했다 해도 "오로지 베드로 너는"이라고 말한 것은 아니다. 다음 장이 잘 보여줄 것처럼, 신약성경의 나머지 부분은 이 말씀을 베드로에게만 주신 것은 아니라고 가르치고 있다.

협동조합, 성경의 눈으로 보다

4

교회를 위한 지침
에클레시아의 발굴

서신서는 신약성경에서 가장 큰 비중을 차지하는 일련의 편지들이다. 대부분은 사도행전에 묘사된 기간 중에 기록되었고, 1세기 그리스도의 제자 공동체들에 관해 풍부한 정보를 준다.

각 편지는 특정 상황과 관련하여 특정한 교회나 개인에게 보낸 것이다. 이 편지들은 수십 년에 걸쳐 여러 필자들이 쓴 것인 만큼 다양한 관점을 담고 있고, 이에 근거하여 사건들을 종합할 수 있다. 때로는 서로 상반되는 듯이 보이고, 종종 현대 세계에는 알려지지 않은 어떤 편지나 사건에 대한 반응으로 기록되었다. 게다가 이 편지들은 연대순으로 정리된 것도 아니고 시기와 지리가 골고루 분포되어 있는 것도 아니다.

그러므로 이 편지들이 대표적인 그림을 보여주는 것은 아니다. 그처럼 복잡하기 때문에 어느 한 단락에서 지나치게 많은 결론을 끌어내지 않도록 조심해야 한다. 그럼에도 평등과 자발적인 나눔이라는 일반적인 패턴은 성경의 나머지 부분에 나오는 전통들과 맞닿아 있다. 아울러 기독교의 놀라운 특징 몇 가지도 도출할 수 있다.

일곱 집사의 선출은 영적 지도력과 경제적 지도력 간의 명백한 구별을 보여주지만, 이 섬기는 지도자들이 별도의 조직을 주관한 것은 아니었다(행 6:1-4). 어쩌면 그런 조직을 분리해 낼 수 있는 별개의 교회가 없었기 때문인지도 모른다.

부분적인 이유는 초기 신자들이 자기네가 하고 있는 일을 묘사할 때 사용했던 어휘로 설명할 수 있다. 그리스어 단어인 **에클레시아** (*ecclesia*)는 흔히 '교회'를 의미한다고 생각하지만, 대부분의 현대 교회와는 닮은 점이 거의 없는 것을 묘사한다. 오히려 부름 받은 사람들의 모임으로 정의하는 편이 낫다. 물론 오랜 기간에 걸쳐 연속성이 존재하긴 했지만 모임이란 것은 하나의 구조보다는 사건에 더 가깝다.

에클레시아는 주일아침 예배, 장로 모임 혹은 스파게티 만찬과 같은 모임은 아니었다. 에클레시아는 예배, 자선, 행정 혹은 친교와 같은 어느 특정한 목적을 갖고 있지 않았다. 이런 요소들이 모두 통합되어 있었고, 능동적인 자원의 공유를 포함한 예측 불능의 모임을 의미했으며, 집합적으로 교회의 발전에 참여할 기회도 주었다.

고린도 교회에 질서정연한 예배를 드리도록 충고했던 바울의 권면은 그것이 도무지 예측할 수 없는 모임이었음을 보여준다. 그는 예배에 반드시 포함해야 할 샘플 의제나 목록을 제공하지 않았다. 오히려 한 사람 이상이 감동을 받아 말을 할 때 지켜야 할 것과 같은 일반 원칙들을 제공했다. "만일 곁에 앉아 있는 다른 이에게 계시가 있으면, 먼저 하던 자는 잠잠할지니라"(고전 14:30).

성령이 마음을 움직일 때 도무지 제쳐놓을 수 없는 경직된 의제는 하나도 존재하지 않았다. 그 대신 모임에서 일어날 일에 대한 기대감이 존재했고, 그 가운데 자원의 공유는 우선적인 것에 속했다. 이런 행습이 깨어질 때는 바울에게서 강력한 질타를 받았다.

> "그런즉 너희가 함께 모여서 주의 만찬을 먹을 수 없으니, 이는 먹을 때에 각각 자기의 만찬을 먼저 갖다 먹으므로 어떤 사람은 시장하고 어떤 사람은 취함이라. 너희가 먹고 마실 집이 없느냐? 너희가 하나님의 교회를 업신여기고 빈궁한 자들을 부끄럽게 하느냐? 내가 너희에게 무슨 말을 하랴? 너희를 칭찬하랴? 이것으로 칭찬하지 않노라!" (고전 11:20-22)

바울의 분노는 아무도 뱃속이 빈 상태로 떠나기를 원치 않았다는 것을 보여준다.

성경 바깥으로 눈을 돌리면 에클레시아라는 단어는 늘 시민들의 모임을 묘사하는 말이었다.[1] 이는 시민의 참여와 관계가 있었고 공동의 의사 결정이 그 모임의 중요한 일부였다는 사실을 시사한다. 예루살렘 공의회에 대한 묘사(행 15:1-35)가 이런 견해를 뒷받침해 준다. 모두가 참석한 가운데 시작된 모임 내에는 리더십 회의가 포함되어 있다. 전체 모임과 별도로 리더들이 정기 모임을 가졌다는 암시도 없고, 리더들이 총회를 이끌기 위해 사전의 일정을 고안했다고 시사하는 것도 없다.

그러면 어떻게 모임을 계획적으로 준비할 수 있을지 무척 의아해할 수도 있지만, 우리가 부인할 수 없는 것은 에클레시아가 종교와 경제와 정치가 하나로 뭉쳐진 것이란 사실이다. 그것은 새로운 질서의 씨앗이자 성령의 인도에 순종하는 공동체였다.

오늘날의 교회는 질서정연한 구체적인 조직이다. 교회는 일정, 세칙, 정치 규정에 묶여 있고, 기계 장치와 같이 여러 부분으로 나누고 규정하는 것을 선호하는 현대 문화에 매여 있다. 그런데 초기 신자들의 에클레시아는 이런 현대 교회와 닮은 점이 별로 없다.

에클레시아와 현대 교회의 차이점은 겨자 식물과 겨자씨를 담은 병에 비유할 수 있다. 전자는 계속해서 흙과 물을 더 많은 겨자로 전환하는 원초적 형태로서 상당한 공간을 차지하는 데 비해, 후자는 운반 가능한 집약된 형태로 또 잘 보관된 안정적인 형태로 그 식물의 알맹이를 제공한다.

이 비유는 불완전하다. 교회들은 규모가 커지고 복잡해지지만 변혁의 잠재력을 상당히 잃어버렸다. 특정 장소에서 특정 시간에 특정한 활동만 하는 교회는 (사도행전에 묘사된 변화의 노선을 따라) 교회 밖의 사회 환경을 변화시킬 수 있는 능력이 별로 없다. 교회는 대부분 주요 사역 이외에도 약간의 지역사회 활동을 하고 있지만, 많은 그리스도인은 여전히 특정 시간대에 특정한 장소에 있는 것을 교회로 생각한다. 물론 예외도 있지만 "교회에 간다"는 말 자체가 그것이 사실임을 보여준다.

선교 활동은 또 다른 문제다. 이 사역은 보통 저 멀리 있는, 교회 밖의 사람들에게 초점을 맞추기 때문에 선교사를 파송하는 그룹과 함께하는 통합 공동체의 개발은 이뤄지기가 어렵다. 선교 단체가 에클레시아의 폭넓은 성격을 어느 정도 포착하고 있지만, 현대 그리스도인은 대체로 초기 교회 생활에 존재했던 영적 측면과 윤리적 측면과 경제적 측면을 통합적으로 다루지 못하는 실정이다.

이번 장은 에클레시아 곳곳에서 많은 본보기를 끌어올 것이다. 이 단락들 중 일부는 오늘날 교회의 기능으로 여기는 것을 다루지만, 나는 그것들을 좀 더 폭넓게 적용하고 싶다. 에클레시아의 통합성은 교회 운영에 관한 성경적인 지침을 삶의 다른 측면들에 대한 일반 지침에서 늘 분리시킬 수는 없음을 의미한다. 그렇지만 평등, 나눔, 자유와 같은 원리들은 일반적으로 적용되는 것이라고 생각해도 무방하다. 우리는 서신들에 나오는 어떤 원리든지 일상생활에 적용할 수 있어야 한다. 혹시라도 교회는 본래 이런 원리들에 의해 운영되어야 하지만 세상의 경제는 불평등과 가난으로 채색되어도 괜찮다고 생각한다면, 정말 터무니없는 생각이다.

종도 없고 자유인도 없다

.▪..

서신들에는 분권화된 리더십을 지지하는 내용이 많다. 첫 번째 증거는 그 저자들에게서 찾을 수 있다. 바울은 예수와 동행한 적이 없고 그 운동을 심히 핍박한 뒤에야 거기에 합류했지만, 대부분의 서신서를 썼다. 이와 대조적으로, 공식적인 열두 사도들은 신약성경의 서신들 중에 지극히 일부만 기록했을 뿐이다. 이로 보건대 공식적인 지도자들이 지혜와 지침을 제공하는 데에 독점권을 갖고 있지 않았음을 알 수 있다.

분권화된 리더십의 두 번째 지표는 서신의 수신자들에게서 찾을 수 있다. 인사 대목을 보면, 그 편지들이 공식적이고 영구적인 리더십 직위를 가진 사람들에게 보낸 것이 아님을 알게 된다. 대부분의 편지에는 한 지도자가 다른 지도자에게 양 떼 다스리는 법을 충고하기 위해 보낸 것임을 시사하는 내용이 없다. 이와 반대로, 편지들의 끝부분에는 긴 인사말이 나오는데, 이는 공개적인 낭독을 겨냥한 것임을 보여준다. 물론 개인들을 언급하는 경우도 있지만 이는 예외적이다. 신약성경의 편지들 대부분은 어느 지역의 온 공동체를 대상으로 하는 포용적이고 열린 형태의 의사소통이다.

평등을 직접 격려하는 단락이 적지 않게 나오기 때문에 우리는 굳이 행간을 읽을 필요가 없다. 예컨대 바울은 갈라디아 교인들에게 이렇게 말했다. "너희가 다 믿음으로 말미암아 그리스도 예수 안에서 하나님의 아들이 되었으니, 누구든지 그리스도와 합하기 위하여 세례를 받은 자는 그리스도로 옷 입었느니라. 너희는 유대인이나 헬라인이나 종이나 자유인이나 남자나 여자나 다 그리스도 예수 안에서 하나이니라"(갈 3:26-28).

모든 신자를 똑같이 귀하게 여겨야 하는 것이 분명하지만, 그렇다고 세상에서의 사회적 역할을 파기해야 하는 것은 아니다. 신자들 가운데 상인도 있고 종도 있으나 다 함께 모일 때에는 모두 그리스도 안에 있는 형제요 자매였다. 세상에서는 불평등했지만 영적으로는 평등했던 것이다.

야고보서에는 부자를 편애하지 말라는 경고가 나온다. "너희가 만일 성경에 기록된 대로 '네 이웃 사랑하기를 네 몸과 같이 하라' 하신 최고의 법을 지키면 잘하는 것이거니와, 만일 너희가 사람을 차별하여 대하면 죄를 짓는 것이니, 율법이 너희를 범법자로 정죄하리라"(약 2:8-9).

바울이 디모데에게 보낸 글은 일부 사람이 다른 이들보다 높은 지위를 누리고 있는 것을 묘사하는 만큼 다른 접근을 하는 듯이 보인다. "큰 집에는 금 그릇과 은 그릇뿐 아니라 나무 그릇과 질그릇도 있어, 귀하게 쓰는 것도 있고 천하게 쓰는 것도 있나니, 그러므로 누구든지 이런 것에서 자기를 깨끗하게 하면, 귀히 쓰는 그릇이 되어 거룩하고 주인의 쓰심에 합당하며, 모든 선한 일에 준비함이 되리라"(딤후 2:20-21).

그러나 이 단락을 자세히 살펴보면 지위의 역전현상이 눈에 띈다. 귀한 항아리는 진열용 선반 위에 오랫동안 보관되는 데 비해 비천한 찻주전자는 날마다 사용되므로 세상적인 지위는 유용성과 반비례하는 것이다. 아울러 이 단락이 화려한 것과 평범한 것에 대해 별개의 교훈을 주지 않는다는 점도 주목해야 한다.

다른 한편, 히브리서는 가르침을 줄 수 있는 일종의 리더십이 존재한다는 점을 분명히 한다. "너희를 인도하는 자들에게 순종하고 복종하라"(히 13:17). 여기서 "인도하는 자들"이라는 복수형을 사용하고 있는데, 이는 누군가가 감독할 필요가 있음을 시사한다.

여기에 사용된 그리스어 단어는 의문의 여지가 없는 지도자들을 가리키지 않는다는 점을 주목하라. 이 단어는 어느 정도의 고민과 설득작업 뒤에 순종해야 한다는 뜻을 갖고 있다. 따라서 지도자들도 얼마든지 도전을 받을 수 있는 참여형 스타일을 지향하는 것이다.[2] 하지만 의견일치가 이뤄지지 않을 때에는 지도자들이 중요한 역할을 해야 하고, 회중은 지도자들의 지혜를 좇아야 마땅하다.

이 단락에는 지도자들에게 설득을 초월한 권력을 영구적으로 부여하는 내용이 전혀 없다. 우리 문화의 지배적인 패러다임은 리더십에 명령권을 부여하지만, 그런 지휘관을 모시는 일은 예수가 피하라고 경고한 세상적인 방식이다.

우리가 바울이 고린도 모임에 전한 말을 들으면 약간 헷갈릴 수도 있다. 첫 번째 편지에서 바울은 고린도 교인들에게 자기를 영적인 아버지로 대하라고 요구하는데(고전 4:15), 이는 예수의 경고와 상반되는 것으로 보일 수 있기 때문이다. 그는 이처럼 자신을 권위 있는 자리에 놓고 있으면서도 "그러므로 내가 너희에게 권하노니 너희는 나를 본받는 자가 되라"(고전 4:16)라고 쓴다. 이 협동의 요청은 그의 아버지 역할에 대해 고개를 갸우뚱하게 만든다. 특히 몇 절 앞에서 그가 독자들을 형제자매라고 부른 것을 기억하면 더더욱 그러하다(고전 4:6).

바울이 결코 명령조로 말한 것이 아님은 고린도 교인에게 보낸 두 번째 편지로 알 수 있다. 그는 그들을 책망할 일이 있기 때문에 고린도 방문을 피했다고 말한 뒤에 "우리가 너희 믿음을 주관하려는 것이 아니요, 오직 너희 기쁨을 돕는 자가 되려 함이니, 이는 너희가 믿음에 섰음이라"(고후 1:24)라고 덧붙인다. 바울은 보스 노릇을 피하고 싶었던 것 같다.

바울은 종종 옳고 그름에 관한 통찰을 나누었지만, 처방을 할 때가 되면 "격려하다"와 "권하다"와 같은 단어들을 사용했고(고후 8:6-10), 한번은 "나 바울은 이제 그리스도의 온유와 관용으로 친히 너희에게 호소하노라"(고후 10:1, NLT. 개역개정판에는 '호소하다' 대신 '권하노라'로 번역했다.-옮긴이)라고 썼다.

권위에 대한 또 다른 주장 역시 당시의 상황으로 인해 누그러졌다. "우리가 권위를 주장할 때 지나치게 나간 것이 아님은 우리가 너희를 향해 그리스도의 복음을 들고 먼 길을 간 최초의 사람들이었기 때문이다"(고후 10:4, NLT). 그리고 다음 장을 이렇게 시작한다. "원하건대 너희는 나의 좀 어리석은 것을 용납하라. 청하건대 나를 용납하라"(고후 11:1). 이는 도전을 불허하는 권력을 확보하려는 사람의 말투가 결코 아니다.

바울은 '명령'처럼 느껴지는 말을 이따금 사용했지만 보통은 하나님에게서 오는 명령을 전달하는 것이었고, 그 자신의 충고와 명백히 구별했다(고전 7:10-12). 물론 데살로니가 교회(살후 3:4-12)와 디모데(딤전 5:21; 딤후 2:14)에게 준 명령이 있다. 그러나 이런 명령은 예외에 속하고, 그 기원에 대해서는 학자들 사이에 논란이 많다.[3] 그런데도 우리가 이런 것을 문자 그대로 받아들여서 지도자에게 명령을 내릴 권위를 부여하는 것이 가능하다. 하지만 타인의 삶을 좌우하는 통제권을 영구적으로 부여해도 좋다는 뜻은 아니다.

베드로를 종종 최초의 교황으로 여기지만 경직된 위계질서를 정당화하는 근거는 별로 남기지 않았다. 그의 첫 번째 편지는 젊은 이들에게 장로들의 권위를 받아들이라고 말하지만(벧전 5:5), 이는 다양하게 해석할 수 있다. 그 구절이 통제권은 없이 지침을 제공하는 문맥에 속한 것을 볼 때, 경험이 더 많은 이들의 본보기를 좇아야 한다는 뜻으로 해석해야 옳다. 만일 나이 많은 사람들이 더 젊은 자들을 다스려야 한다는 뜻으로 해석한다면, 이는 예수의 가르침과 서신들의 교훈과 상반되는 것이다.

사실 베드로는 장로들에게 이런 충고를 했다. "너희 중에 있는 하나님의 양 무리를 치되 억지로 하지 말고, 하나님의 뜻을 따라 자원함으로 하며, 더러운 이득을 위하여 하지 말고 기꺼이 하며, 맡은 자들에게 주장하는 자세를 하지 말고 양 무리의 본이 되라"(벧전 5:2-3).

이런 리더십이 실제로 어떻게 발휘되었는지는 빌립보에 보낸 편지에서 볼 수 있다. 두 여인 간의 심각한 의견충돌이 교회를 분열시켰지만, 바울은 다른 교인을 향하기 전에 그들에게 직접 말한다. "제발, 너희가 주님께 속해 있는 만큼, 너희의 의견충돌을 해결하라. 그리고 나의 참된 팀원인 네게 권하노니, 이 여인들이 나와 함께 열심히 복음을 전했으므로 이들을 도우라"(빌 4:2-3, NLT). 바울은 그들의 목사에게 그들을 바로잡으라고 말할 수도 있었지만, 오히려 그들을 스스로 해결책을 찾을 책임이 있는 동료들로 본다. 그들의 분쟁이 온 교회에 근심을 끼칠 만큼 심각했는데도 말이다.

하나님의 사랑을 증언하는 것

.▪..

초기 신자들의 자선사업은 노숙자에게 음식을 대접하는 일이나 헌 옷을 기증하는 것이 아니었다. 나눔은 모임의 중요한 일부였다. 특히 애찬(愛餐)으로 알려진 주님의 만찬이 그랬다.

나눔은 주로 집단적 성격을 지녔지만 개인적인 의무에 기반을 두었다. 요한의 첫 번째 편지는 독자들에게 사랑을 구체적인 행동으로 옮기라고 요구한다. "누가 이 세상의 재물을 가지고 형제의 궁핍함을 보고도 도와줄 마음을 닫으면, 하나님의 사랑이 어찌 그 속에 거하겠느냐? 자녀들아, 우리가 말과 혀로만 사랑하지 말고 행함과 진실함으로 하자"(요일 3:17-18).

야고보는 독자들에게 그들의 재산 축적이 가난한 자에게 어떤 영향을 주었는지 생각해 보라고 강력하게 촉구한다. 이것은 회중 내의 경제적 불균형을 다루는 건 아니지만 타인을 희생시켜 부를 축적하지 말라는 일반적인 교훈이다.

"들으라, 부한 자들아. 너희에게 임할 고생으로 말미암아 울고 통곡하라. 너희 재물은 썩었고 너희 옷은 좀먹었으며, 너희 금과 은은 녹이 슬었으니, 이 녹이 너희에게 증거가 되며 불같이 너희 살을 먹으리라. 너희가 말세에 재물을 쌓았도다. 보라, 너희 밭에서 추수한 품꾼에게 주지 아니한 삯이 소리 지르며, 그 추수한 자의 우는 소리가 만군의 주의 귀에 들렸느니라." (약 5:1-4)

나눔은 부의 불균형 문제를 바로잡는 것일 뿐 아니라 에클레시아를 묶어주는, 지속적인 희생의 훈련이기도 하다. 바울이 (불평등의 문제를 안고 있던) 고린도 교회에 마게도냐 교회를 모델로 추천한 것은 후자가 재정적인 어려움에도 불구하고 풍성한 헌금을 했기 때문이다. "내가 증언하노니, 그들이 힘대로 할 뿐 아니라 힘에 지나도록 자원했다"(고후 8:3).

이 편지들은 당시에 순회 전도자들이 그들의 본 교회에서 어떻게 후원을 받았는지 살짝 보여준다. 바울은 순회 전도자들의 사역이 협동적인 동시에 개인적인 성격을 지니고 있다고 말한다. "심는 사람과 물을 주는 사람은 동일한 목적을 지닌 한 팀으로 일한다. 하지만 그들은 그들의 수고에 따라 각각 상급을 받을 것이다"(고전 3:8, NLT).

이는 각 개인이 단지 공동의 협정이 아니라 노력에 따라 보상받는 것을 뜻하지만, 신자들 사이에 손님 대접의 전통도 있었음이 분명하다. 예컨대 요한은 다음과 같이 방문 교사들을 후원하도록 권면하고 있다. "이는 그들이 주의 이름을 위하여 나가서 이방인에게 아무것도 받지 아니함이라. 그러므로 우리가 이 같은 자들을 영접하는 것이 마땅하니, 이는 우리로 진리를 위하여 함께 일하는 자가 되게 하려 함이라"(요삼 1:7-8).

여행하는 전도자들은 또한 스스로 생계를 유지하기도 한다. 그래서 바울은 데살로니가 교회에 이렇게 쓴 것이다. "형제들아, 우리의 수고와 애쓴 것을 너희가 기억하리니, 너희 아무에게도 폐를 끼치지 아니하려고 밤낮으로 일하면서 너희에게 하나님의 복음을 전하였노라"(살전 2:9).

아무도 바울을 게으름뱅이로 비난할 수는 없지만 이 글이 보여주는 바 완전히 자급자족을 했던 것 같지는 않다. 또 다른 편지에서는 자기가 데살로니가에 있을 동안 도움을 준 빌립보 교인들에게 감사하고 있다(빌 4:15-16). 그가 주최 측의 도움을 고사할 때조차 부분적으로는 다른 데서 오는 지원에 의지할 수 있었기 때문인 듯하다.

나눔은 당시에 신자들을 다 함께 묶어주는 열쇠와 같았지만, 모두가 그것을 남용하면 안 된다는 것을 알고 있었다. 기여할 능력이 있는 사람은 기여할 것으로 기대했다. "교회는 돌볼 사람이 아무도 없는 과부를 돌봐야 한다"(딤전 5:3, NLT). 그러나 "만일 믿는 여자에게 과부 친척이 있거든 자기가 도와주고, 교회가 짐 지지 않게 하라. 이는 참과부를 도와주게 하려 함이라"(딤전 5:16).

그리고 모든 차원에서 자급자족을 가르치고 있다. 개인들과 가정들이 도움을 구하기 전에 스스로의 필요를 채우기 위해 노력해야 한다는 것은 이미 살펴보았다. 이와 같은 원리는 외부의 도움과 관련해서도 그대로 적용된다. "또 너희에게 명한 것같이 조용히 자기 일을 하고, 너희 손으로 일하기를 힘쓰라. 이는 외인에 대하여 단정히 행하고, 또한 아무 궁핍함이 없게 하려 함이라"(살전 4:11-12).

나눔의 세세한 내용은 상황과 참여자들의 바람에 따라 유동적이었지만, 에클레시아는 공동체에서 공동체로, 주인에서 손님으로, 부유한 자에서 가난한 자로 끊임없이 흐르는 자발적인 상호도움의 물결로 그 영양분을 공급받았다. 나눔은 에클레시아의 원동력이었고, 장소와 행습이 다양했음에도 신자들을 하나로 묶어준 것은 중앙 통제와 획일성이 아니라 바로 나눔이었다.

규칙에 관하여

중앙의 권위는 서신들에서 부차적인 역할을 했던 것으로 보인다. 때로는 그런 권위의 역할이 요구되기도 했지만 이상적인 것은 사람들이 스스로 문제를 해결하는 일이었다. 예루살렘 공의회가 열거한 것과 같은 타협할 수 없는 원칙들이 조금 있기는 했지만(행 15:29) 규칙이 곧 규범은 아니었다.

바울은 심지어 율법이 요구하는 바를 넘어서는 경우에도 서로의 가치관을 존중하도록, 즉 융통성 있게 행동하라고 권면했다. "믿음이 연약한 자를 너희가 받되 그의 의견을 비판하지 말라. 어떤 사람은 모든 것을 먹을 만한 믿음이 있고, 믿음이 연약한 자는 채소만 먹느니라"(롬 14:1-2).

이 단락은 음식을 하나의 예로 들고 있지만 다른 대목에서는 다른 행습들을 언급한다. "믿음이 강한 우리는 마땅히 믿음이 약한 자의 약점을 담당하고, 자기를 기쁘게 하지 아니할 것이라"(롬 15:1).

하지만 이런 제한 사항들은 그 특정한 공동체 바깥에는 적용되지 않는다. 이 점을 바울은 다음과 같이 분명히 한다. "유대인들에게 내가 유대인과 같이 된 것은 유대인들을 얻고자 함이요, 율법 아래에 있는 자들에게는 내가 율법 아래에 있지 아니하나 율법 아래에 있는 자같이 된 것은 율법 아래에 있는 자들을 얻고자 함이요, 율법 없는 자에게는 내가 하나님께는 율법 없는 자가 아니요 도리어 그리스도의 율법 아래에 있는 자이나 율법 없는 자와 같이 된 것은 율법 없는 자들을 얻고자 함이라"(고전 9:20-21).

그런데 한 교인이 공동체의 표준을 위반하면 어떻게 해야 할까? 이런 행위를 다루는 법에 대해서는 서로 상반되는 메시지들이 있다.

갈라디아서에서는 바울이 이런 충고를 한다. "형제들아, 사람이 만일 무슨 범죄한 일이 드러나거든, 신령한 너희는 온유한 심령으로 그러한 자를 바로잡고 너 자신을 살펴보아 너도 시험을 받을까 두려워하라"(갈 6:1).

다른 경우에는 용서하도록 권면한다. "이러한 사람[범죄한 자]은 많은 사람에게서 벌 받는 것이 마땅하도다. 그런즉 너희는 차라리 그를 용서하고 위로할 것이니, 그가 너무 많은 근심에 잠길까 두려워하노라"(고후 2:6-8). 여기에는 그 공동체의 판단을 뛰어넘어 그를 내보내라든가 어떤 벌을 주라는 말이 없다.

그러나 항상 그런 것은 아니다. 디모데에게는 다른 말투를 사용한다. "범죄한 자들을 모든 사람 앞에서 꾸짖어 나머지 사람들로 두려워하게 하라"(딤전 5:20).

심지어는 고린도 교인들에게 특히 심각한 죄를 범한 자는 추방해야 한다고 쓰고 있다. "이런 자를 사탄에게 내주었으니, 이는 육신은 멸하고 영은 주 예수의 날에 구원을 받게 하려 함이라. …너희는 누룩 없는 자인데 새 덩어리가 되기 위하여 묵은 누룩을 내버리라"(고전 5:5-7).

이런 예들은 마태복음 18장에 나오는 예수의 가르침에 담긴 갈등 해소 단계들에 대체로 부합한다. 앞에서 나는 누군가를 이방인이나 세리로 취급한다는 것이 무슨 뜻인지 모호하다고 말한 적이 있다. 그런데 이런 단락들을 다 합쳐도 이 문제가 잘 해결되지 않는다. 명확한 방향은 없지만, 만일 공동체의 뜻이라면 축출이 허용된다고 할 수 있다. 그러나 이것만이 심각한 문제를 다루는 유일한 길이라고 주장해서는 안 된다.

이것이 내부 문제에 대한 약간의 지침을 주지만 외부 관계는 어떻게 해야 할까? 우리가 세상에서 단절되는 것은 바람직하지도 가능하지도 않다. 바울은 이렇게 쓰고 있다. "밖에 있는 사람들을 판단하는 것이야 내게 무슨 상관이 있으리요마는, 교회 안에 있는 사람들이야 너희가 판단하지 아니하랴"(고전 5:12). 이 결론으로 보건대, 죄인을 축출하는 일은 신자들에만 해당되는 것이고, 신앙 공동체의 가치관을 바깥에까지 확장시키지 않는 것이 좋다.

신앙적 가치관을 외부인에게 부과해선 안 될뿐더러 외부의 수단을 내부의 징계에 사용해서도 안 된다. 다음 장은 정부가 교회 내에서 도덕을 강요하는 수단이 되면 안 된다고 한다. "너희 중에 누가 다른 이와 더불어 다툼이 있는데, 구태여 불의한 자들 앞에서 고발하고 성도 앞에서 하지 아니하느냐?"(고전 6:1)

이는 우리가 정부를 이용하여 도덕을 강요하면 안 된다고 하는데, 바울과 베드로는 모두 정부에 순종하라고 가르쳤다. "각 사람은 위에 있는 권세들에게 복종하라. 권세는 하나님으로부터 나지 않음이 없나니, 모든 권세는 다 하나님께서 정하신 바라. 그러므로 권세를 거스르는 자는 하나님의 명을 거스름이니 거스르는 자들은 심판을 자취하리라"(롬 13:1-2). 이어서 선한 사람들은 정부를 두려워할 필요가 없다고 말한다. 베드로 역시 이와 비슷한 말을 하면서 이렇게 덧붙였다. "그가 악행하는 자를 징벌하고 선행하는 자를 포상하기 위하여 보낸 총독에게 [순종]하라"(벧전 2:14).

이는 참으로 흥미로운 가르침들이다. 이 편지들은 심한 핍박이 일어났던 시기, 곧 제국의 법을 좇아 시저를 숭배하지 않는다고 많은 신자들이 고문과 죽임을 당했던 때에 기록되었다. 만일 이런 가르침을 문자 그대로 좇았더라면 기독교는 사라지고 말았을 것이다.

이 단락들에 대한 엄격한 문자적인 해석—무슨 일이 있어도 무조건 복종하라는 요구—은 왕들을 하나님의 섭정으로 여겼던 시대의 유물이다. 우리는 당장 이런 잘못된 생각을 내버리고, 합법적인 테두리 내에서 일하려고 애쓰되 궁극적으로는 양심의 요구에 따라 행해야 마땅하다.

바울이 디도에게 보낸 편지가 이 주제에 약간의 빛을 던져준다. 여기서 그는 정부에 복종해야 한다는 충고를 반복한 뒤에 이렇게 덧붙인다. "아무도 비방하지 말며, 다투지 말며, 관용하며, 범사에 온유함을 모든 사람에게 나타낼 것을 기억하게 하라"(딛 3:1-2).

우리로서는 신약성경과 구약성경에 나오는 수많은 저항의 사건들을 무시할 수 없고, 게다가 민권 운동과 반전(反戰) 행동주의를 포함한 기독교 비폭력 시민 불복종 운동의 강한 전통도 있다. 프란

시스 쉐퍼 같은 저자들은 우리가 언제 또 어떻게 시민 불복종 운동을 전개해야 할지를 개관한 바 있다.[4] 우리는 불의에 대응하여 법을 위반하는 것을 피해야 하지만 그것을 완전히 배제할 수는 없다.

그러면 우리는 극단적인 불의에 대한 저항과 이웃에 대한 배려 사이에서 어떻게 균형을 잡을 수 있을까? 우리의 양심이 불복종을 요구하지 않는 한 우리는 사회질서를 뒤흔들지 말아야 하며, 악에 대한 우리의 저항은 타인의 삶을 간섭하기 전에 중단되어야 한다. 이는 바울이 말한 하나님의 계획으로부터 알 수 있는 것이다. "하늘에 있는 것이나 땅에 있는 것이 다 그리스도 안에서 통일되게 하려 하심이라"(엡 1:10).

그때가 되기까지는 각 사람이 의사 결정을 내리고 그에 따른 결과를 책임지도록 개개인의 자유를 존중해야 한다. 이는 공동체들이 너무 고압적인 자세를 취하지 않고 서로 합의하여 결과를 끌어낼 수 있는 자유까지 포함한다. 하나님의 뜻을 강요하는 것 자체가 하나님의 뜻에 반하는 것임을 우리는 기억할 필요가 있다.

5

감춰진 분열

교회는 어떻게 세속 권력이 되었는가?

예수는 최후의 만찬에서 이렇게 기도했다. "거룩하신 아버지여, 내게 주신 아버지의 이름으로 그들을 보전하사 우리와 같이 그들도 하나가 되게 하옵소서"(요 17:11).

이 진술은 예수의 제자들이 단 하나의 조직 아래 연합할 것을 바라는 예수의 소원으로 해석될 수도 있다. 사실 우리는 그런 식으로 연합하는 것이 가능하다. 어떤 이들은 이단들이 발생하기 이전, 즉 교회가 분열로 파괴되기 이전 단 하나의 교회가 존재했던 시기에 대해 향수를 느낄지도 모른다. 그러나 가장 초창기에도 단 하나의 교회, 혹은 기독교라 불리는 단일한 종교가 존재했던 적은 없었다. 단 하나의 권력집단 아래 모든 사람을 묶어놓는 일은 이 세상의 제국이 취하는 방법이고, 예수는 그것을 경계하라고 말씀했다(막 10:35-45).

그런데 기독교는 획일성을 추구한 나머지, 4세기 콘스탄티누스 1세의 통치 기간에 로마제국을 필두로 여러 국가의 공식 종교가 되기에 이르렀다.

당시에 교회는 정통 교리 내지는 획일적인 교리를 개발했다. 이 교리는 누가 옳고 누가 그른지를 판단하게 했기 때문에 교회의 연합에는 해로운 것으로 판명되었다. 그렇다고 옳고 그른 것이 없다는 뜻은 아니다. 하지만 교회는 획일적인 옳음을 추구하는 일은, 아이러니하게도 그릇되었다고 가르친다.

중앙 교회가 생김으로써 획일성을 도모하는 듯한 인상을 주긴 했지만, 예수를 좇는 유일한 길이란 것은 존재한 적이 없다. 우리가 앞에서 살펴보았듯이, 기독교는 서로 다름에도 불구하고 그리스도를 중심으로 연합되어 있었던, 다양한 행습을 지닌 분권화된 운동에서 나왔다. 건전한 다양성이 끝나고 분열적인 이단이 시작된 지점을 명확히 그을 수는 없지만, 예수의 도(道)가 기독교가 되기 전에 여러 갈래의 길을 취했었다고 분명히 말할 수 있다.

하나님의 하나 됨은 창조 이후 획일적이 되거나 중앙집권화된 적이 한 번도 없었다. 하나님의 창조성은 낮과 밤을, 땅과 물을 분리시키는 등 분리 작업에서 밝히 드러났다. 하나님은 많은 유형의 식물과 동물을 창조하셨기에 그 아름다운 다양성이 우리 주변에 널려 있는 것이다. 우리의 몸도 여러 종류의 세포와 기관들로 구성되어 있다. 숲 역시 수많은 나무와 식물로 가득 차 있다.

인간들 사이에서도 다양성이 고무되었다. 하나님이 아브람의 이름을 아브라함('많은 무리의 아버지'란 뜻)으로 바꾼 것은 장차 "여러

민족의 아버지"(창 17:5)가 될 것이기 때문이었다. 가족들은 인류를 나눠놓은 단위들이고, 이스라엘의 열두 지파는 서로 경쟁하기 이전에만 해도 문젯거리가 아니었다. 사람들을 여러 집단으로 나누는 것 자체는 문제가 아니다. 역설적이게도, '연합한다'는 것은 여러 '부분'들을 조건으로 한다. 하나가 다른 것과 연합하려면 '다른 것'이 있어야 하기 때문이다.

바울이 다양한 공동체들 안에 있을 때 자기의 행습을 바꿨다고 말하는 대목을 보면, 처음부터 다양한 행습과 믿음이 존재했음을 알 수 있다. 어떤 행습이 역기능적일 때에는 그 문제를 다루었으나, 에클레시아 사이의 다양성은 문제가 되지 않았다. 그렇다고 모든 접근이 좋은 효과를 발휘했다고 주장하는 것은 아니고, 모두가 똑같이 그런 효과를 냈다고 주장하는 것은 더더욱 아니다. 물론 어떤 공동체는 다른 공동체보다 더 잘 움직였고, 어떤 행습은 이른바 '성경적인' 것과 더 잘 조화를 이루며 더욱 널리 받아들여진 것은 사실이다.

당시만 해도 '성경적'이라는 개념이 존재하지 않았다. 그 시절에는 신약성경이 존재하지 않았고, 각 복음서는 제각기 다른 지역에서 지배력을 발휘했다. 일부 에클레시아들은 히브리 성경을 그들의 율법으로 견지했지만, 이런 입장은 반대에 직면했고 메시아 이후 시대를 살아가는 법에 대해선 다루지 않았다. 일부 사람들은 그리스도를 좇는 특이한 방식에 대해 아주 독단적인 주장을 폈지만, 바울은 획일적인 표준을 만드는 데 관심이 없었고, 예루살렘 공의회의 진술문(행 15:22-31)은 에클레시아로부터 획일성을 기대하지 않았다는 사실을 보여준다.

하나님은 에클레시아 사이에 존재하던 다양성에 만족하셨던 것처럼 보인다. 요한계시록은 "아시아에 있는 일곱 교회에 보낸"(계 1:4) 편지이지 한 교회의 일곱 회중에게 보낸 것이 아니다. 그 제한된 지역에서도 각 교회가 나름의 경험을 하고 나름의 문제에 직면했던 것을 분명히 볼 수 있다. 만일 하나님이 그들을 단일한 권위 아래 다시 연합시키기를 원했더라면, 분명히 그렇게 말씀하셨을 법한 상황이다. 훗날에는 여러 차이점이 위협거리로 비치는 바람에 중앙집권화된 교회의 억압을 받았지만, 성경 자체는 획일성을 선호하는 편견을 보이지 않는다.

사람들이 교회 역사상의 분립에 관해 얘기할 때는 흔히 가장 두드러진 세 가지 분파—가톨릭, 정교, 프로테스탄트—를 낳은 분열을 가리키곤 한다. 또한 누가 교황권을 좌우하느냐를 둘러싼 여러 논쟁 중의 하나, 혹은 수많은 프로테스탄트 진영의 분열 중의 하나를 언급하기도 한다. 이런 분열들은 그 추종자들에게 지시하기를 서슴지 않는 권력구조를 가진, 강력한 대규모 조직들을 낳았다. 프로테스탄트 교회들의 경우, 그 공동체는 파편화되었지만 권력 관계들은 오히려 서로 비슷한 편이다. 지도자들이 추종자들의 선출로 세워진 경우에도 그들을 나머지 사람들보다 높은 인물인 것처럼 여기기 일쑤다.

이런 분열들이 행습과 조직 문화에 미친 영향을 고찰해 보면, 그 어느 것도 흔히 간과되는 최초의 분열이 몰고 온 심대한 변화와 견줄 수 없다. 이 최초의 분열은 지도자를 추종자로부터, 교회를 그 본래의 성격으로부터 그리고 평등과 권력에 대한 예수의 가르침으로부터 떼어놓았으며, 분권화된 영적 운동을 제국의 도구로 변질시켜 버렸다. 그것은 통제 불능의 에클레시아가 기존의 중앙 권력에 반항하는 경우가 아니었다. 그것은 세속 권력을 이용하여 공동체들 사이에 또 그 속에 획일성을 강요하려는 시도였다.

나는 교회가 어떻게 엉뚱한 방향으로 빗나갔는지를 더 다루고 싶지는 않다. 협동은 교회의 변두리에서 올바른 방향으로 계속 나아간 것과 더 관련이 있기 때문이다. 그렇지만 교회가 어떻게 그토록 강력한 힘을 갖게 되었는지를 생각하는 일은 필요하다. 이런 변화를 이해하려면 가장 초기의 교회 행습과 이후의 행습을 비교하는 것이 좋겠다.

교회의 탄생

가장 초기에는 공동체들 간에 다양성이 존재했지만 그래도 조직상의 일반적인 패턴 몇 가지를 감지할 수 있다. 그 가운데 하나는 책임의 공유였다. 에클레시아 리더십은 많은 교인들의 은사에 기초해 있었다. 장로들은 영적인 지도를 제공했다. 집사들은 성찬용 떡과 포도주는 물론 음식도 제공하는 등 중요한 청지기 역할을 수행했다. 공동체의 각 부분은 나름의 역할을 갖고 있었던 것이다(고전 12:12-31).

성령께서 집단으로서의 신자들에게 일할 것으로 기대했던 만큼 한 목사가 하나님의 뜻을 중계할 필요가 없었다. 에버하르트 아놀드는 「초기 그리스도인들」(The Early Christians)이란 책에서 이렇게 썼다. "최초의 기독교 공동체들(영구적으로 존속하는 것이 아니라 어느 순간에든 깨질 수 있었다)의 경우, 분열의 위험이 사도들과 선지자들과 교사들의 성령 안에서의 리더십과 온 교인 간의 형제애로 극복되었다"[1]

테르툴리아누스는 북아프리카 출신의 초기 기독교 저자였다. 그의 「변증」(Apology)은 2세기 말의 에클레시아에 대해 이렇게 기록했다. "모든 사람이 제각기 한 달에 한 번, 아니 자기가 원하는 때에 언제든지, 그럴 능력이 있다면 무언가를 기부한다. 아무도 강요받지 않고 누구나 자발적으로 자기 몫을 내놓는다."[2]

외부인들은 가난의 부재를 보고 놀랐고, 이 때문에 많은 이들이 급성장하는 그 공동체들로 몰려들었다. 아놀드에 따르면, "당시에 출현했던 일상생활의 패턴은 그리스도인들이 선포했던 메시지와 일치했다. 외부 관찰자를 가장 놀라게 했던 것은 자발적인 사랑의 행위로 인해 공동체 주변의 가난이 극복되었다는 사실이었다. 그것은 다소 의무적인 국가의 사회복지와 전혀 상관이 없었다."[3]

세대가 거듭 바뀌면서 에클레시아 구성원들은 첫 세대 그리스도인의 급진적인 경험에서 멀어졌다. '평신도'의 개념은 예수가 떠난 지 60여 년이 흐른 뒤에 클레멘트가 소개한 것이다. '성직자'라는 용어는 그로부터 한 세기가 지난 후 테르툴리아누스가 분열을 조장하는 이 새로운 개념에 반대하는 글을 쓸 때에야 등장했다.[4] 위계질서는 매우 천천히 스며들었기 때문에 그 근본적인 변화는 경계심을 불러일으킬 정도로 눈에 띄지 않았다.

주후 313년에 일어난 회심 하나가 교회의 장래에 심대한 영향을 미쳤다. 아이러니하게도, 이 회심은 기나긴 내전 막바지에 있었던 단순한 권력투쟁에 의해 촉발되었다. 장차 콘스탄티누스가 될 그 남자는 부하들의 방패에 기독교 상징들을 그리라는 환상에 영감을 받아 대적을 무찔렀다. 그는 기독교의 신의 은혜로 승리했다고 확신했고, 그 신의 추종자들에게 국가적인 호의를 베풀기 시작했다. 이듬해에 밀라노 칙령을 내림으로써 제국의 종교적 중립성을 확립하고 신자들의 핍박에 종지부를 찍었다. 나중에 자신을 그리스도인으로 공포했다.

형세가 일변하자 기독교는 권력과 어울리게 되었고, 사람들은 신앙 이외의 이유들로 교회에 합류했다. 일부 시민들은 정치적인 이익을 위해서 혹은 대세를 좇아 가입하기도 했다. 어떤 노예들은 주인이 회심하는 바람에 합류했다. 몇 년도 안 되어 부자들이 세금 혜택을 받으려고 성직자가 되는 문제가 발생하는 바람에 콘스탄티누스는 그것을 금하는 법을 제정해야 했을 정도였다.[5]

교회는 갈수록 더 정부를 닮아갔다. 감독들은 여전히 선출된 관료들이었고, 교회는 지역 차원에서는 여전히 풀뿌리 운동이었으나 중앙집권적인 권력구조가 나타나기 시작했다. 교회는 점차 로마제국의 지역 센터, 곧 바실리카라고 불리던 공식 건물들을 중심으로 조직되어 갔다. 정부는 감독의 지위를 원로원 의원의 지위와 동급으로 높였다.

325년 콘스탄티누스는 처음으로 감독 총회를 개최했는데, 그것이 바로 니케아 공의회이다. 이는 다양한 행습과 믿음을 묶어서 단 하나의 통일된 종교로 만들려는 노력이었고, 사도행전에 나오는 예루살렘 공의회 이후 개최된 최초의 교회 총회였다. 제국이 호의를 베풀려면 기독교를 명확히 규정할 필요가 있었다. 가지각색의 모임들이 즐비할 경우에는 그런 일이 불가능하기 때문이다. 기독교는 응집성을 잃어가고 있었고, 분권화와 자율성을 지지하는 성경 단락들이 있음에도 불구하고, 단일한 보편 교회를 추구했던 이들은 하나의 공통분모를 강화할 필요가 있었다.

니케아 공의회는 여러 이슈를 다루었으나, 주된 목적은 하나님이 예수를 무(無)로부터 창조했다고 주장하던 이단인 아리우스파를 다루는 일이었다. 이 공의회는 심의 끝에 니케아 신조를 만들었는데, 이는 하나님과 예수의 본성, 예수의 생애 말기를 둘러싼 사건들의 성격에 대한 이해를 확립했다. 이 신조는 조직이 아니라 교리를 다루었지만, 그 자체가 기독교의 행습에 심대한 영향을 미쳤다.

기독교는 이제 성장의 기반이 되는 무게중심을 마련했는데, 교회의 중심은 갈수록 제국의 중심에 가까워졌다. 바질 페닝턴 사제는 「사막의 교부들」(Desert Fathers)의 서문에서 "'가이사[시저]의 것은 가이사[시저]에게, 하나님의 것은 하나님께 바치라'는 창립자[예수]의 금언은 세금이 치솟고, 갈수록 군대복무가 강화되고, 세속적인 기독교가 법원을 비롯한 곳곳에서 성행함에 따라 더욱더 따르기가 어려워졌다"[6]라고 말한다. 4세기 말에 이르면 그리스도인들이 정부를 완전히 장악하여 정통교리의 강요에 이용하고 있었다.

이와 더불어 스스로를 형제와 자매보다 더 높은 위치에 두는 성직자 계급이 출현하는 중이었다. 해럴드 킹은 이렇게 말한다. "화려한 예복을 입은 성직자들이 초기 순교자들이 끌려갔던 도로의 흙에 그들의 우아한 슬리퍼가 더러워지지 않게 하려고 휘황찬란한 가마로 행차할 때에 여기저기서 불평하는 소리가 터져나왔다. 도로에는 세속적인 이익에 눈이 먼 '졸지에 출세한 감독들'이 우글거렸고, 핍박의 불길을 통과한 교회의 고위 성직자들이 지금은 다른 종교인들을 핍박했다."[7]

6세기에 유스티니아누스 황제는 교회 총주교의 직위를 공식화했다. 수많은 특권과 봉급을 받는 이 공적인 직위는 교회와 국가 간의 선을 더욱 흐리게 만들었다. 다른 한편에서는 제국의 권력구조에서 독립하려는 열망이 더욱 커져갔고, 이는 제국을 초월하는 신앙을 도모하는 운동을 촉진했다. 로마제국이 무너지기 시작할 무렵 교황 그레고리 1세는 정부의 후견 없이 생존할 수 있는 교회를 만드는 작업을 착수했다.

마침내 로마는 무너졌고, 그 결과 교회는 야만인 정복자들을 회심시키기 시작했다. 교회는 이제 제국에서 독립했지만 이미 큰 손상을 입은 상태였다. 교회가 하나의 제국으로 변질되는 중이었다.

그동안 권력의 전당 바깥에서는 많은 신자들이 그리스도의 첫 제자들의 발자취를 좇아 계속 걷고 있었다.

홀로 그리고 더불어
.▪..

남은 자들은 사막의 교부와 교모(敎母)의 형태로 살아남았다. 이 길은 예수와 모세와 세례 요한 등이 홀로 조용한 곳으로 물러난 행습에서 영감을 받은 것이었다. 이 운동은 당시의 혼란과 핍박 때문에 일어난 면이 있으나 기독교가 제국의 길을 걷게 된 뒤에도 계속 성장했다.

은둔자들의 운동을 협동 행위의 모델로 보는 것이 이상할지 모르지만, 그 느슨한 공동체—다 함께 사는 것도 아니고 홀로 사는 것도 아닌 형태—는 훗날의 수도원 행습의 씨앗을 안고 있었다. 개인들은 이미 자리 잡은 원로를 방문하는 일로 여정을 시작하곤 했고, 한동안 제자훈련을 받은 후 자기의 길을 찾아 떠났다. 너무도 많은 사람이 피난처를 찾았기 때문에 때로는 서로를 피하기가 어려울 정도였다. 특히 거룩하다는 평판을 받던 사람들은 구도자들의 눈을 피하기가 더 어려웠다. 이런 거룩한 남자들과 여자들은 소문이 널리 퍼져서 수많은 구도자들이 지도를 받으려고 그들을 추적했기 때문이다.

이 은둔자들은 홀로 있고 싶었으나 방문객을 환영했다. 그들의 느슨한 네트워크는 훗날 출현할, 더욱 조직화된 수도원을 위한 토대를 마련해 주었다. 최초의 수도사들은 홀로 많은 시간을 보내면서도 식사와 예배를 위해 다 함께 모이곤 했다. 일부는 홀로 살았지만, 다수는 느슨하게 짜인 공동체에 모였고, 이는 시간이 갈수록 더욱 조직화되기에 이르렀다. 어떤 이들은 기숙사가 딸린 시설을 만들기도 했다. 점차 그들은 훗날 교부나 교모로 알려진, 존경받는 원로들을 중심으로 모였다.

이런 공동체들은 이집트, 소아시아 등과 같은 밀집 지역의 외곽에서 모였다. 이런 곳은 핍박과 타락으로부터 비교적 안전한 동시에 문명사회와의 접촉도 어느 정도 유지할 수 있는 장소였다. 많은 경우 그들은 공예품을 만들거나 곡식을 재배하여 상품으로 팔거나 가난한 자에게 기부했다. 토마스 라우쉬는 그들이 초창기 행습의 보존에 기여한 점을 이렇게 묘사한다.

> 그것들은 구성원들이 복음을 몸소 실천하기 위해 세상에서 물러나고 관습적인 것을 멀리하려고 했던 반(反)문화 운동의 일부, 곧 의도적인 공동체들이었다. 그들은 유망한 직업을 포기했고, 소유를 버렸고, 금욕적인 삶을 살기로 했으며, 영적 스승에게 영적인 순종을 약속했다. 그리하여 주변 문화와는 거리를 두는 생활을 영위하기로 했다.[8]

오늘날에도 수도원 생활은 규칙으로 알려진 일련의 합의를 준수하는 것을 지침으로 삼고 있는데, 그 뿌리는 이 기간으로 거슬러 올라간다. 이집트의 안토니우스는 3세기 말 사막의 거주자들에게 느슨하게 조직된 평신도 공동체의 행습을 처음 도입한 인물로 알려져 있다. 그의 지도 아래 살았던 이들은 음식과 노동, 기도와 청빈을 공유했다.

또 다른 사막의 교부인 파코미우스는 4세기 초에 최초의 공식 규칙으로 인정되는 규칙서를 썼다. 그는 음식과 노동과 예배를 공유하도록 격려했고, 생애 말기까지 수많은 공동체를 세웠다. 3천 명의 추종자들이 교회 구조 바깥에 존재했던 그 운동에 참여했지만, 파코미우스의 규칙은 보통 유럽 수도원주의의 선행 주자로 여겨지고 있다.

성(聖) 바질의 규칙은 동방정교 수도원주의의 토대를 형성했고, 누르시아의 성 베네딕트는 6세기에 시작된 열두 수도원을 책임졌으며, 이 수도원들은 오늘까지 존속하고 있다. 바질의 규칙과 베네딕트의 규칙은 본래 영구적인 제한 사항으로 의도된 것이 아니었다. 수도사들이 영적으로 성숙함에 따라 좀 더 자율적인 리더십을 제공할 수 있을 것으로 생각했기 때문이다. 바질의 규칙은 은둔자들이 몸을 해치면서까지 서로의 금욕생활을 능가하려다가 위험한 지경에 빠지지 않도록 그들을 진정시키기 위한 것이었다.

수도사들과 수녀들은 평생직으로 선출된 대수도원장의 지배를 받았다. 어떤 경우에는 수도회의 회원이 수천 명으로 늘어났고, 수많은 순례자들이 이 운동에 힘을 보태주었다. 사막의 거주자들은 기독교적 사고와 행습의 발달에 엄청난 기여를 했지만, 이 운동의 수명은 궁극적으로 그 성장을 도운 제국보다 길지 못했다. 물론 적대적인 환경도 그 운동의 쇠퇴에 한몫을 했으나 수도원 운동과 주류 기독교 간의 분열이 또 다른 원인이었다.

수도원주의가 최초의 사막 공동체들과 함께 소멸한 것은 아니다. 로마 교회가 사막의 동굴보다 훨씬 나은 장소에서 관조의 삶을 살도록 격려하기 시작함에 따라 더 푸른 목초지로 이동했을 따름이다. 훗날의 형태는 본래의 급진적 성격을 많이 잃어버린 채 종종 구속적인 성직 모델을 채택했다.

수도원의 운동성이 교회로 다시 흡수된 나머지 그동안 잠수했던 최후의 남은 자들이 지배적인 위치에 올랐다. 오랜 세월 동안 에클레시아의 평등한 자율적 공동체들은 거의 잊히고 말았다. 그리스도의 급진적 가르침과 초기 제자들의 이야기는 성경 속에 갇혀버렸고 성직 엘리트가 아닌 어느 누구도 읽지 못했다. 풀뿌리 공동체들은 교황의 권세 바깥에서 계속 이어졌으나, 암흑의 시대에 모든 역사적 기록이 실종된 것은 놀랄 일이 아니다.

첫 천 년이 끝날 무렵 일부 수도회는 상당히 부유하고 강력한 조직으로 성장했고, 농노의 노동에 의지하는 바람에 가난을 퇴치하지 못했다. 부유한 후원자들이 때로는 대수도원장의 선출에 참견했고 훈련과 영적 행습에 부정적인 영향을 미쳤다.

다른 한편, 수도원은 대표적인 학문 센터였기에 중세의 초창기 내내 상당히 많은 문명을 보존하는 역할을 했다. 수도원들은 또한 혼란한 시기에 비교적 안전한 삶의 터전을 마련해 주었고, 상당한 규모의 자선사업도 벌였다.

수도회들의 단점은 새로운 세대의 수도원 공동체의 설립을 촉발시키기도 했다. 예컨대 9세기와 10세기의 클루니 운동은 그 회원 공동체들을 교황의 직접적인 통제 아래 놓음으로써 지역의 정치적 인물들에게 통제될 때 생겼던 문제들을 다루려고 애썼다.

그러나 그 어떤 개혁도 조직의 생명주기에 따르는 결과를 제거할 수는 없다. 어떤 필요가 충족되지 않을 때에는 보통 새로운 조직이나 운동이 발생하기 마련이다. 이런 운동은 상상력을 사로잡아 급속하게 성장한다. 하지만 훗날 부를 얻고 안일하게 변한다. 마침내 부패가 일어나기 시작하고 애초의 에너지가 고갈되고 열정이 식어버린다. 그 지점에 이르면 조직을 유지하는 데 더 많은 에너지가 소모된다. 오래된 조직들은 겨우 연명될지 몰라도 새로운 씨앗이 발아되어 활발한 성장을 도모할 필요가 있다.

교회 역사는 인류 역사와 마찬가지로 몰락과 중생의 주기를 여러 번 반복했다. 이제 풀뿌리 차원에서 일어난 갱신의 예들을 살펴보기로 하자.

6

갱신과 반란
하늘을 땅에 이루기

겨자씨는 예수가 천국의 비유에 사용한, 가장 잘 알려진 이미지 가운데 하나다. "이는 모든 씨보다 작은 것이로되 자란 후에는 풀보다 커서 나무가 되매 공중의 새들이 와서 그 가지에 깃들이느니라"(마 13:32).

이 은유는 교회가 대규모 조직으로 성장하는 것을 지지하는 듯이 보일 수도 있다. 사실 교회는 진리를 흡수할 수 있는 유일한 뿌리라고 주장했다. 하지만 겨자씨는 영원히 단일한 줄기로부터 생명을 유지하며 정원의 다른 모든 식물을 밀쳐내지 않는다. 그 속에 다른 많은 겨자씨들과 여러 세대의 겨자 식물들을 낳을 수 있는 잠재력을 갖고 있으며, 그 각각은 해당 지역의 조건에 적응하게 된다. 겨자가 온 정원을 점령할 수도 있지만 여러 세대에 걸친 재생산 과정을 통해서만 그렇게 할 뿐이다. 겨자씨는 더 많은 겨자씨를 만드는 운명을 타고났다.

교회가 어떤 의도를 갖고 있든지 간에 겨자씨에 관한 예수의 말씀이 옳았다. 새로운 싹들이 불쑥 솟아났고 아무리 많은 잡초도 그것을 저지할 수 없었다. 여기에는 교회의 내부 개혁에서 분리주의 공동체의 반란에 이르는 모든 것이 포함되어 있다. 교회가 성경이 가르치는 협동을 무시할 때마다 그것을 회복시키려고 변두리에서 일하는 사람들이 늘 있었다.

암흑의 시대에 시작된 갱신과 반란을 이해하려면 기독교 체제가 어떤 식으로 그 사명을 수행했는지를 잠깐 살펴볼 필요가 있다. 교회와 국가가 종종 섞이곤 했기 때문에 전형적인 보통 그리스도인이 그 양자와 어떤 관계를 맺었는지 고찰해야 한다. 유럽 역사의 상당 부분은 심한 불평등과 역경을 특징으로 하는 사회 및 경제적 관계로 얼룩져 있다. 이 책에서 그 다양한 모습을 일일이 묘사할 수는 없지만, 봉건제도 아래서 대부분의 사람이 노예처럼 살았다고 말하는 것으로 충분하다.

대략 주후 500년에서 1000년에 이르는 중세 초기 로마가톨릭교회는 거대한 권력으로 성장할 수 있는 기회를 얻었다. 로마제국은 붕괴되었고, 유럽에는 그 자리를 차지할 것이 거의 없었다. 당시는 중앙집권형 정부와 무역의 퇴조, 정부와 기업에 필수적인 많은 기술의 상실을 특징으로 하는, 대규모 정치적 경제적 침체가 발생한 시기였다. 수도원들이 유일하게 부기(簿記)에 관한 지식을 보유했기 때문에 일체의 상업 활동의 필수 부분이 되었다. 경제가 완전히 곤두박질치는 바람에 땅과 그 생산물이 종종 유일한 부의 근원이

협동조합, 성경의 눈으로 보다

되었다.

중세 초기의 침체는 서서히 회복국면에 접어들었는데, 유럽은 점차 중세의 중기(1000-1300년)로 진입하기 시작했다. 중기는 교회의 조직 양식이 매우 다양했던 기간이었다. 교황들도 그 성품이 천차만별이었고, 교황의 후계자에 대한 논란도 많았지만, 교회는 때때로 큰 대가를 치르면서도 분열되지는 않았다. 로마가 지시하는 길을 좇지 않는 운동들은 잔인하게 억압을 받았다.

중세 때에는 교황보다 더 큰 지주가 없었다. 많은 농민들에게 그 지방의 대수도원장은 지상의 주인까지 겸했다. 그런 경우 교회의 영지를 운영하던 대수도원장들이 예수의 사회적 가르침을 따르지 않는 경우가 많았으므로 농노들은 별로 기뻐하지 않았다. G. G. 쿨턴은, 수도사들이 농노를 다룬 방식을 보면 "평신도보다 약간 나은 수준"에 불과했다는 냉혹한 평가를 내리면서, 수도사 영주들은 자기네에게 적용하는 높은 표준 때문에 오히려 더 나빠졌다는 당시의 여러 기독교 지도자들의 주장을 지적한다.[1]

쿨턴은 당시의 농노들이 줄곧 수수료와 십일조를 강요받았던 가혹한 현실을 묘사하고 있다. 그 가운데 가장 무거운 짐은 영주가 죽은 농민이 소유한 최상의 짐승을, 그리고 수도원장이 차선의 짐승을 차지하는 행습이었을 것이다. 수도원 소유 영지들에서는 수도원장이 영주이기도 했으므로 양자를 모두 취했다. 이런 행습의 저변에는 모든 사람이 평생 십일조를 속여왔기 때문에 마지막에 그의 자산의 최상품을 헌납해야 한다는 가정이 깔려 있었다. 쿨턴에 따르면, 그나마 가장 관대한 규정은 농민의 과부와 고아들이 두

마리 짐승밖에 없는 경우에 한 마리는 보유하도록 허락했다는 것이다.[2]

그리스도의 자유를 붙잡는 것

농노들은 때때로 그런 짐을 정당화하는 신학적 뉘앙스를 잘 이해하지 못하고, 이따금 영주가 성직자이든 아니든 간에 그들의 압제자에 대항하여 반란을 일으켰다. 중세의 기록은 드문 편이지만 최초로 기록된 821년의 사건 이전에도 동요가 있었을 것으로 추정된다. 중세가 깊어짐에 따라 이런 반란은 더욱 자주 일어났고 더 중대한 양상을 띠었다.

14세기에 이르면 사태는 더욱 심각해져서 큰 사건의 경우 모든 당사자에게 잔혹행위가 가해졌다. 모라비아(현재의 체코 공화국)에서 일어난 후스파 반란은 제국과 교황 군대를 20년 동안 내쫓은 결과, 공동 재산을 보유한 비교적 자율적이고 민주적인 사회를 이룩할 수 있었다.[3]

모라비아 형제단 내지는 보헤미아 형제단으로 알려진 이런 공동체들은 사도행전에 묘사된 방식으로 살고자 했다. 그들은 자원을 공유했고 소유를 포기하지 않는 이들을 배제하는 경향이 있었다. 도덕을 엄격하게 강요했고 종종 성경적인 모델들보다 더 심했다. 이 공동체들이 잠시 독립과 종교적 자유를 누린 뒤에 가톨릭교회가 권위를 회복하는 바람에 다시 심한 핍박을 받게 되었다. 오랜 세월 그 운동은 자취를 감추었으나 오늘날까지 형제단 교회(Unitas

Fratrum)라는 이름으로 명맥을 유지하고 있다.[4]

루터가 1517년 신학적 종교개혁을 일으키기 이전 30년 동안 독일만 해도 적어도 열한 번의 대규모 반란이 있었다.[5] 이 반란들에 이어 1524년에 폭동이 발생하여 순식간에 남부 독일 전역과 북부의 일부 지방에까지 퍼졌다. 일 년 뒤에 폭동이 진압될 즈음에는 천 개의 성이 파괴되었고 많은 수도원이 약탈당한 상태였다.[6]

우리는 이런 동요를 가난한 자의 부자에 대한 세상적인 반란으로 치부하고픈 생각이 들지 몰라도, 사실은 그보다 훨씬 복잡한 문제였다. 가장 중대한 폭동들은 독일에서 일어났는데, 당시 독일은 그보다 한 세기 전부터 인쇄소 덕분에 성경이 일반인의 손에 들어갈 수 있었다는 사실을 주목해야 한다.

이런 반란들은 그리스도의 자유의 메시지에 영감을 받았고 때로는 성직자들이 주도하기도 했다. 농민들은 해방의 복음 메시지를 심각하게 받아들였고, 어느 정도 지나서는 더 이상 하나님의 이름으로 자행되는 억압을 참고 견딜 수 없었다. 물론 성경에 근거하여 이런 폭력적이고 불법적인 전술을 비판할 수 있지만, 옳든 그르든 이런 사건들은 사복음서가 부와 권력의 집중현상에 대해 얼마나 파괴적일 수 있는지를 잘 보여준다.

고리대금에 대항한 싸움

로마가톨릭교회가 단지 가난한 자의 원수들의 친구에 불과한 것은 아니었다. 로마가톨릭 당국은 권력을 남용하기도 했지만 당시

발흥하던 상인 계급을 비롯한 여러 압제자들로부터 가난한 자를 보호하는 역할도 했다.

중세 후기의 특징은 고리대금에 반대하는 전쟁에 있었다. 고리대금은 문자 그대로 과도한 이자와 함께 돈을 빌려주는 행위를 일컫는다. 이 운동은 R. H. 토니가 쓴 「종교와 자본주의의 발흥」 (*Religion and the Rise of Capitalism*, 한길사 역간)에 상세히 묘사되어 있다. 토니는 이 책에서 고리대금이 거의 모든 금전 대부를 포함하는 것으로 폭넓게 해석되었다고 설명한다. 한 사람이 재정적 위험을 똑같이 공유하지 않는 한, 원재료를 재화로 변모시키는 신체 노동이 아닌 다른 방식으로 재정적인 이득을 취하는 것은 죄악으로 여겼다. 자기의 노동을 기부하지 않고 이윤을 취하는 일을 하나님께 속한 시간을 파는 행위로 보았다.[7] 이 표준에 의하면 오늘날의 금융 산업―특히 전당포와 페이데이 대출업체―은 불법적인 기관일 터이다.

오늘날의 관점에서 보면 고리대금에 대한 싸움에 쏟아부은 에너지는 교회 역사에서 거의 전무후무할 정도로 엄청난 것이었다. 고리대금업자에게는 성찬이나 기독교식 장례를 불허했을 뿐 아니라, 그들의 헌금은 그들이 회개하고 그 이득을 반환할 때까지 받아들이지 않았다. 그뿐만 아니라, 고리대금업자에게 집을 세놓는 것도 금지했고, 그 더러운 행습을 허용한 방식으로 영토를 다스리는 일도 금지되었다. 고리대금업자를 숨겨주는 이들은 체포나 출교의 위협을 받았다.

그런 상황에서 덜 경건한 상인들이 이런 단속을 피할 길을 찾았

　　　　　　　협동조합, 성경의 눈으로 보다

던 것은 놀랄 일이 아니다. 그래서 긴 질문 목록을 통하여 고해자들이 숨은 고리대금을 간파하도록 돕는 매뉴얼까지 만들어졌다. 창의성과 정력을 발휘하여 단속을 피하려는 노력이 계속됨에 따라, 로마의 지도를 받으려고 많은 사례를 정기적으로 로마에 보고했다. 그리하여 공정한 수준의 이자를 설정하려고 어느 정도 노력을 기울였으나, 당시의 종교 사상가들은 그것을 의심스런 눈초리로 바라보았다. 플로렌스의 대주교 안토니우스는 아예 단념한 채 자의적인 공정 가격 설정을 '확률과 추측'이라고 불렀다.[8]

탐욕에 대한 싸움의 규모는 14세기 유럽의 재정 수도였던 플로렌스에서 분명히 볼 수 있다. 여기서조차 금전 대출의 행습은 한동안 완전히 금지되었다가 마침내 유대인 금융가들이 신용 대부라는 더러운 사업을 위해 유입되었다.[9] 이는 반(反)유태주의 고정관념이 발달하는 데 적지 않은 역할을 했던 잘못된 해결책이었다. 플로렌스의 선량한 그리스도인들이 미봉책에 의지해야 했다는 사실은 고리대금에 대한 법적 조처가 확실한 대안이 없이는 어느 정도의 효과밖에 없었다는 것을 보여준다.

그런 대안들이 잠정적으로 모색되었고, 그 가운데는 오늘날의 지역사회개발 신용조합의 노선을 따르는, 가난한 자에게 값싼 신용 대출을 해주는 비영리 기관들이 포함되어 있었다. 교구를 비롯한 여러 기관들도 때로는 교황의 승인을 받아서 대부를 해주었다. 프란체스코 수도회는 이탈리아에서 시작하여 유럽 대륙 전역에 퍼진 대출 기관들을 1462년경 설립했다.

공동체 건설

.".."

중세는 성경적인 사회적 가치관을 직접 실천에 옮기려는 실례들이 많았던 시대였다. 그중 다수는 거의 혹은 전혀 역사적 기록을 남기지 않았고, 일부는 이단으로 선포되어 진압되었다. 그럼에도 초기 신자들의 방법이 다시 표면에 떠오르기 시작했음을 보여주는 몇 가지 본보기가 존재한다.

그 가운데 하나는 베긴회로 알려진 운동이었다. 그들의 공동체—베기니지(Beguinages)라고 불렸다—는 12세기에 벨기에에서 형성되었다. 그 시초는 소도시의 변두리에서 독자적으로 가난한 자를 돕던 여성들이었다. 남편들이 당시 여러 십자군 전쟁에 참전하러 떠났거나 남성이 부족해서 독신으로 남아 있던 여자들이었다. 그래서 자연스럽게 교제를 위해 다 함께 모이게 되었던 것이다.

13세기 말에 이르면 네덜란드 도시 대부분에 한 개 이상의 베긴회 공동체가 존재하게 된다. 이 자율적 공동체는 천차만별이었고, 일부는 상류층 혹은 하류층으로 회원자격을 제한했다. 겐트에 있던 최대 공동체의 경우 회원이 수천 명이나 되었다. 베긴회는 그들의 재산을 보유했고, 스스로 돈을 벌었으며, 어떤 경우에는 자신의 하인까지 데리고 있었다. 담으로 둘러싸인 공동주택에 함께 살았지만 다른 다수의 공동체 운동보다 훨씬 느슨한 공동생활을 했다.

이와 연관된 남성 운동은 베가르드회(Beghards)로 알려져 있다. 이들은 베긴회와 공통점이 많았지만 공동생활을 영위하며 재산을 공유했다. 그들은 주로 노동자 계층이었고 종종 동업 조합에 가입

협동조합, 성경의 눈으로 보다

했다. 이 공동체는 흔히 가족이나 친구의 지원을 받을 수 없는 남성들을 위한 상호부조의 수단으로 기능했다. 일차적으로 영적인 사명을 갖고 있었지만 나이 많은 회원들에게 중요한 물리적 지원을 하기도 했다.[10]

왈도파는 복음적인 가난을 수용했으나 교황의 통제를 거부하는 바람에 이단으로 선포되었던 또 다른 운동이다. 왈도파는 사도행전을 모델로 삼아 공동체들을 건설했는데 1500년에 이르러서는 회원이 15만 명이나 되었던 것으로 알려져 있다. 이 운동은 비슷한 움직임이 일어나고 있던 독일과 모라비아에 선교사를 파송하기까지 했다.[11]

다른 공동체들은 도덕을 강요하려고 지방 정부를 이용하는 등 좀 더 권위주의적인 냄새를 풍겼다. 존 칼빈은 스위스 제네바에서 그런 신정주의 운동을 이끌었던 가장 유명한 지도자였다. 칼빈의 추종자들은 마침내 그의 이름을 따서 칼빈주의자로 불렸다. 토니에 따르면, 제네바에서 단기간에 최초의 칼빈주의자들이 "세속 세계를 거대한 수도원으로 변모시키는 데" 성공하다시피 했다고 한다.[12]

제네바 모델은 고도의 사회적 통제를 내포했지만 민주적 성격을 지니고 있었다. 목회자 협의회는 다른 목사들을 선출해 그들과 함께 교회를 다스리게 했다. 비록 그들의 선택은 공중의 대표자들에게 승인을 받아야 했지만 말이다. 사람들은 또한 장로 법원이라 불리는 리더십 협의회에 목사들과 함께 포함시킬 장로들을 선출하기도 했다. 이 기관은 시(市) 정부가 지닌 공식적인 권위를 갖고 있지 않았다.

기독교적 가치관이 실행된 것을 보면 종교적 리더십이 매우 강한 설득력을 갖고 있었던 것 같다. 조사관들은 주민의 도덕 행위를 조사하기 위해 집집마다 방문했다. 병자와 가난한 자를 위한 복지사업도 실행되었다. 제네바는 이따금 처형이나 태형이 집행되는 가운데 절주와 검소함이 돋보였던 외딴 섬과 같았다.[13]

하지만 이런 정책이 고리대금업자를 규제하는 데는 별 효과가 없었다. 토니는 대금업자를 처벌하는 일이 위험한 선례를 남기에 되었을 것이라고 한다. 당시의 한 당국자는 그 도시에 채무자가 가득 찼는데 "만일 그들이 피 맛을 알게 된다면, 그들의 분노가 어디서 끝날지 누가 알겠는가?"[14]라고 말했다. 그런 두려움은 근거가 없지 않았다. 우리가 살펴보았듯이, 그 시대는 가난한 자들이 그리스도의 자유의 깃발 아래 미친 듯이 날뛰었던 많은 폭동으로 얼룩져 있었기 때문이다.

새로운 약속의 땅
.▪..

산업의 시대가 열리자 가난한 자들은 새로운 직업을 찾을 자유를 얻었으나 더 이상 봉건 영지에서 일할 수 있다는 보장이 없었다. 사람들이 붐비는 도시들과 생계유지가 가능한 농촌 공유지의 감소 현상이라는 이상한 현실 사이에 낀 그들의 일부는 그들 나름의 새로운 공동체를 만들려고 했다. 17세기 중반 디거스라고 알려진 소규모 운동이 사유지를 장악함으로써 공동체 제도를 창설했다.

그들의 창립 문서는 이렇게 선언했다.

태초에 위대한 창조주는 짐승들, 새들, 물고기들 그리고 이 창조 세계를 다스릴 영주인 사람을 보존하기 위해 이 땅을 공동의 보물로 만들었다. 사람에게는 짐승들과 새들과 물고기들을 정복할 지배권이 주어졌기 때문이다. 그러나 처음부터 인류의 어느 한 분파가 다른 분파를 지배해야 한다는 말은 일언반구도 없었다.[15]

디거스는 다른 농민들도 비슷한 공유지를 조성하도록 격려했고, 큰 저항이 있겠지만 "곧 이 땅에 이뤄질 보상은 실로 클" 것이라고 결론지었다.[16] 그러나 모방자들이 여기저기서 등장하긴 했지만 그 운동을 이어가진 못했다. 인구밀도가 높은 유럽에서는 토지를 소유하지 못한 이들이 차지할 만한 땅이 별로 없었다. 유토피아를 향한 본능은 다른 곳으로 이동해야 했다.

다른 한편, 네덜란드에서는 라바디스트 공동체가 집단적인 이전이 어떻게 가능한지 그 본보기를 보여주었다. 이 운동은 예수회 훈련을 받은 프랑스인 장 드 라바디의 리더십 아래 형성되었는데, 그는 추종자들을 모은 카리스마적인 설교자였지만 그의 급진적인 가르침은 거듭해서 여러 귀족 후견인들의 미움을 샀다. 그가 죽은 후 수백 명이 기증받은 성에 정착해서 거의 60년 동안 공동체 생활을 했다. 그들은 유럽의 여러 곳으로, 그리고 마침내 그 너머로까지 확장되기에 이르렀다. 한동안 남아메리카에 머물렀으나 열대 생활에 진절머리가 나서 뉴욕으로 정찰대를 보내어 보헤미아 영지를 설정하게 되었다.

이 공동체는 완전한 공동체주의와 단조로운 음식을 비롯한 엄격한 생활 방식을 채택했다. 남자와 여자는 평등했다. 그 지도자가 종종 공동체의 공식 가치관과 상충되는, 자기 나름의 행동 표준을 갖고 있는 듯이 보이긴 했지만 말이다. 훗날 그는 토지의 사유화를 집행한 결과 마침내 부자로 죽었다. 그 공동체는 수년 내에 무너졌고, 가장 이상적인 운동조차 지도자들의 이중적인 표준이라는 문제에 봉착할 수 있다는 경고를 남겼다.

유토피아를 향한 열정은 아메리카 식민지들 중 다수에 영향을 미치기도 했다. 예컨대 매사추세츠의 필그림즈는 제네바 모델을 재생산했다. 그들은 공동체주의를 극단적인 고립과 상호의존을 다루기 위해 한시적으로 필요한 것으로 생각했기에 조건이 허락하는 대로 그런 접근을 내버렸다. 이 필그림즈는 신세계에서 청교도 천국을 창조하려고 했으나 오히려 유럽에 남겨두었던 것과 같은 종류의 누더기를 만들었을 뿐이다. 그들의 고압적인 신정주의 접근은 또한 일부 사람에게 너무 억압적인 것으로 판명된 결과, 메릴랜드는 가톨릭 주(州)로, 로드아일랜드와 펜실베이니아는 좀 더 포용적인 식민지로 만들게 되었다.

미합중국을 조잡하게 끼어 맞출 때가 되자 그토록 다양한 식민지들의 존재로 인해 신정 정부의 세부 사항에 합의하는 일이 매우 어려워졌다. 어쨌든 미국의 창설자들은 애초에 대서양을 건너온 이유 때문에 정부가 도덕을 강요하는 것을 달가워하지 않았다.

독립한 이후에도 미국은 종교적 실험을 하기에 좋은 땅이었다.

종교는 이 나라의 문화 발전에 역동적인 역할을 담당했다. 18세기와 19세기에는 대규모 부흥운동이 이 땅을 휩쓸었다. 이런 운동들은 변화무쌍한 환경에 재빠르게 적응할 수 있는 유연한 조직들이 주도했다.[17] 오래된 교회들은 이미 뿌리를 내리고 있었던 만큼 당대의 상상력을 포착할 만한 능력이 부족했다.[18] 이 교회들은 또한 교육 경력이 부실한 자칭 설교자들이 주도하는 부흥운동들과 폭발적인 에너지에 의심의 눈초리를 보냈다. 그럼에도 사람들은 그것을 좋아했고, 우후죽순처럼 솟아난 새로운 섹트들을 통해 탄력을 얻었다. 이 새로운 신자들은 종종 포용적이고 민주적인 회중형 정체(政體)를 지닌 느슨한 단체들을 만들곤 했다.

미국식 유토피아

．■．．

새로운 미국 정부가 성장함에 따라 땅 위에 천국을 건설하는 과업은 보통 20-30명에서 200-300명의 주민으로 구성된 분리주의 공동체들의 느슨한 운동으로 바뀌었다. 이런 공동체들은 하모니, 예루살렘, 오더빌 그리고 유토피아와 같은 이름을 가졌다. 이것들은 다양한 영적 관행에서 생긴 것이지만 대체로 특정한 성경적 신념을 살아내는 이상적인 새 사회를 창조하려는 의욕을 공유하고 있었다. 이 운동은 19세기에 절정에 이르렀는데, 당시에 10만 명도 넘는 구성원들이 100개 이상의 공동체 안에 살고 있었다.

이 운동은 마크 홀로웨이의 「땅 위의 천국들」(Heavens on Earth)에 유머와 함께 아주 상세히 묘사되어 있는데, 그중 몇 가지는 언급할 만하다. 금욕적인 공동체도 있었지만 안락한 공동체도 있었고, 엄격한 공동체가 있는 반면 비교적 자유로운 공동체까지 천차만별이었다.

아울러 이단으로 여길 만한 혁신적인 공동체들도 있었다. 한 가지 예로, 사람들에게 "모든 방향으로 사랑하는 것을 허용하고 요구하는 일과 한 방향으로만 사랑을 표현하도록 하는 일"[19] 사이의 모순을 극복하려고 복합결혼을 실행했던 오나이다 공동체를 들 수 있다. 또 다른 문제는 이 공동체가 비구성원의 노동력에 의존하는 고도의 생활수준을 개발했다는 점이었다. 조직의 관점에서 보면, 이는 그 공동체의 통치에 완전히 참여하지 못하는 계급을 포함하고 있다는 점에서 훨씬 심각한 잘못을 저질렀다고 할 수 있다.

그 가운데 일부는 지나치게 강력한 리더십이나 용두사미의 양극단에 빠지지 않을 수 있었다. 그런 성공적인 실례 가운데 하나는 뉴욕과 훗날 아이오와에서 거의 한 세기를 존속했던 아마나 공동체였다. 거기에서 여섯 개의 공동체들(별도로 존재했으나 서로 연합된)이 4-5킬로미터 간격으로 설립되었다. 각 마을은 학교, 가게, 상점, 공장, 선술집 등 전형적인 소도시의 시설을 모두 갖추고 있었다. 1861년에 이르면 약 77.7제곱킬로미터에 달하는 농지를 중심으로 집단 노동을 실시했다. 이 마을들은 매년 선출되는 이사회가 관장했다. 여성의 리더십 참여는 제한되어 있었고, 어린 시절부터 남녀가 분리되었다. 그들은 또한 자원을 서로 공유했으므로 좋을 때나 나쁠 때나 온 공동체가 동고동락했다. 각 구성원은 자기가 정하는 만큼 수당을 받았다.

협동조합, 성경의 눈으로 보다

이런 공동체 제도는 대공황 때까지 존속되었다가 결국은 공동의 구조를 포기하고 사기업을 격려하기에 이르렀다. 또한 좀 더 협동적인 기업들을 여전히 갖고 있었는데, 그중에서 가장 유명한 것은 아마나 냉장회사였다(지금은 더 이상 공동소유가 아니지만). 아직도 아마나 거류지는 중요한 관광지로 남아 있으며 공동소유로 되어 있다.

아미시와 메노나이트 같은 재침례파 전통의 일부 집단들은 오늘날까지 공동체들을 유지하고 있다. 그중에서 공동체 성격이 가장 강한 것은 후터파이다. 대초원 북부, 태평양 연안 북서부, 캐나다 북부 등에는 아직도 꽤 급진적인 자원 공유를 실천하는 수백 개의 후터파 거류지들이 존재한다. 가옥과 개인적 소유물은 각 가정에 속하지만, 부동산과 경제적 목적을 지닌 모든 것은 공동의 소유로 되어 있다.[20]

각 후터파 거류지는 선출된 자문위원회의 지도를 받는다. 이 위원회는 투표와 (하나님의 뜻을 묻는) 제비뽑기를 통해 지도자를 선출한다. 이런 방식으로 하나님은 그 공동체의 구성원들이 선호하는 사람들 중에 누군가를 선택하시게 되는 셈이다. 이 지도자들은 거류지에서의 업무 분장을 비롯한 삶의 여러 측면에 대한 관할권을 갖고 있으나 온 공동체에 대해 책임을 진다. 회중 가운데 남자들은 또한 중요한 의사 결정에 직접 참여한다.[21]

미국은 여전히 이런 종교적 분리주의자들의 고향과 같은 곳이지만, 그들 대부분은 사회의 변두리에서 움직이고 있다. 다음 장에서는 주변 환경과 좀 더 통합된 협동을 다룰 예정이나, 먼저 역사적으로 가장 큰 경제적 변동을 초래했던 운동을 살펴보도록 하자. 이는 종교 운동은 아니었지만 불의를 치료하는 면에서 우리에게 중요한 통찰력을 제공한다.

공동체주의와 공산주의

산업혁명은 인류의 소수에게 엄청난 부의 집중화 현상을 초래했다. 예수가 찰스 디킨스 시대의 환경에 대해 어떤 반응을 보였을지는 충분히 상상할 수 있다. 그리스도인들이 그로 인한 가난의 증상을 완화시키는 역할을 한 것은 사실이지만 그런 증상의 뿌리를 다루지는 못했다. 당시의 세계경제는 서로서로 돌보라는 성경의 명령에 저촉되는 것이었다. 19세기 말에 이르러 사도행전에 묘사된 호의적인 환경 같은 것을 재창조하는 일은 불신자들과 무신론자들의 몫이 되었다.

좋든 싫든 간에, 공산주의는 근대사에서 거대한 역할을 했기 때문에 조직적인 자원 공유에 관한 토론을 할 때는 이 혁명적인 접근을 고찰하지 않으면 안 된다. 마치 로마가톨릭교회가 중세에 고리대금업을 공격했고 청교도들이 제네바와 매사추세츠에서 도덕을 강요하려고 했던 것처럼, 공산주의 혁명가들은 정부의 통제권을 장악하고 그 자원을 더 잘 이용함으로써 가난을 말끔히 없애버리려고 했다. 그러나 그들의 노력은 결국 그들의 이상과 거리가 있었고, 그리스도의 해방의 메시지에는 더더욱 미치지 못했다. 기독교와 공산주의는 그 목표와 가르침에 어느 정도의 유사성이 있음에도 불구하고 긴장된 관계를 유지해 왔다.

내가 '공산주의'라는 용어를 사용하는 것은, 마르크스주의에 기반을 둔 호전적 이데올로기를, 이 책에서 줄곧 사용해 온 좀 더 일반적인 의미의 '공동의'(communal)라는 용어와 구별하기 위해서다. 공동의 제도는 굳이 공산주의 이데올로기를 채택하지 않고도 공산주의 이념의 특성들을 공유할 수 있다.

냉전이 최고조에 달했던 1962년에 「공산주의에 관한 기독교 핸드북」(Christian's Handbook on Communism)이란 책이 출판되었다. 이 책은 공산주의적 접근을 배격하려는 의도로 사도행전에 나오는 공동체주의에 대해서는 아예 언급도 하지 않았다. 그럼에도 이 책은 다음과 같이 고백하고 있다. "많은 그리스도인의 활동 부재, 그 밖의 수많은 이들의 자기만족, 그리고 교회의 적절하고 전향적인 프로그램의 결여 등은 많은 이들로 하여금 삶의 문제에 대한 해답을 다른 곳에서 찾게 했다. 진정한 의미에서, 명목상의 그리스도인들은 공산주의 운동의 성장에 대해 공동책임이 있다."[22]

그리스도인들은 공산주의를 대천지원수로 여겨서 목욕물과 함께 아기까지 버리는 경향이 있다. 공산주의의 위협은 과거에 비해 훨씬 줄어들었는데도 미국 기독교의 주류는 여전히 친(親)자본주의 종교로 남아 있다. 냉전이 끝난 지 20년이나 흐른 지금도 일부 신학자들과 저자들은 공산주의의 냄새가 조금만 나도 열렬하게 논박하고 있다. 이것이 바로 게리 노스의 입장이다. 그의 웹사이트에 이런 글이 실려 있다. "사실 이제껏 성경이 자유시장 자본주의가 아닌 어떤 것을 가르친다는 것을 보여주는 강해용 성경주석은 단

한 권도 없었다."[23]

나는 노스의 주장이 매우 지나치다고 생각한다. 공산주의와 기독교는 공동의 가치들을 공유하고 있다. 예컨대 마르크스의 표어를 생각해 보라. "각자 자기의 능력에 따라 일하고 자기의 필요에 따라 공급받는다." 그리고 데살로니가 교인들에게 보낸 바울의 글을 생각해 보라. "우리에게 권리가 없는 것이 아니요, 오직 스스로 너희에게 본을 보여 우리를 본받게 하려 함이니라. 우리가 너희와 함께 있을 때에도 너희에게 명하기를 '누구든지 일하기 싫어하거든 먹지도 말게 하라' 하였다"(살후 3:9-10). 혹자는 이 문장을 문법적으로 분석하여 사도들의 권리는 음식을 요청하는 것이지 실제로 부양해 달라는 것이 아니라고 주장할지 모르겠다. 그러나 공동체의 구성원이 굶주린다는 것은 신자들과 하나님에게 크게 거슬리는 일임은 분명하다.

해방신학 운동 역시 굳이 혁명의 대의를 채택하지 않고도 그리스도의 가르침과 공산주의의 연관성을 탐구했다. 이는 '기초 공동체'(Base Community)라고 불리는 풀뿌리 조직의 창조를 통해 일어났다. 이 운동은 1960년대에 브라질에서 시작되어 전 세계로 퍼져나갔고, 특히 아프리카와 필리핀과 한국에 집중되어 있다.

'기초 공동체'는 공동체 역할을 하는, 교회의 최소 단위인데, 보통은 교구 내의 한 공동체를 구성하는 수십 명으로 이뤄져 있다. 이 공동체들은 회원들의 가난의 경험을 중심으로 하는 성경공부의 장 역할을 하고, 회원들이 공감하는 가운데 삶을 개선할 수 있는 구조를 제공한다.

협동조합, 성경의 눈으로 보다

이런 공동체 가운데 일부는 라틴아메리카의 현대사를 채색한 반란들의 영향을 받은 것이 확실하다. 기독교의 가르침 역시 다수의 공산주의 선동가들에게 상당한 영향을 미쳤지만 해방신학 전체를 마르크스주의의 자의적 포섭으로 매도하는 것은 공정하지 않다. 물론 기초 공동체들이 때로는 정치 활동을 한 것이 사실이지만 그보다는 성경적인 협동 작업에 더 많이 참여했다. 그들은 내부로부터 교회를 활성화하려고 했고 옛것 속에서 새로운 세계를 건설하는 중이었다.

공산주의가 그 속에 포함되어 있었으나, 우리는 마거릿 헤블스웨이트와 같은 해박한 관찰자들의 관점을 무시하면 안 된다. 그녀는 이 기초 공동체들은 일차적으로 목회 자원이 불충분한 교회에 대한 반응이었고, 대체로 로마가톨릭교회와 조화를 이루려고 많은 노력을 기울였다고 설명한다. 사실상 해방신학은 로마가톨릭 사회사상에서 직접 나온 것이며, 이 사상은 교황 레오 13세의 1891년 회칙 「노동헌장」(Rerum Novarum)에 최초로 명시되었던 것이다.

교황 레오 13세는 혁명을 부추기는 그릇된 가르침을 논박하려고 그 글을 썼으나, 헤블스웨이트는 이 가르침을 해방신학의 동맹군으로 묘사하고 있다. 그것이 "인권을 변호하고, 노동자의 권리를 지지하고, 더 공정한 무역관계를 수립할 부자 나라들의 책임을 주장하고 있기" 때문이다.[24]

적극적인 협동

∙"∙∙

마르크스는 공산주의가 결국 자본주의가 실패할 때까지 기다려야 한다는 것, 상황이 나아지기 전에 먼저 나빠질 것을 알았다. 이와 반대로, 협동은 경제적 차원과 영적인 차원에서 그런 붕괴를 피할 수 있는 길을 제공해 준다. 어떤 사회가 부유하고 안락하면서도 정의와 선(善)이 결여될 수도 있다. 기독교적 협동은 단순한 부의 평등에 그쳐서는 안 되고 더 나아가야 한다. 1961년에 교황 요한 23세는 협동이 제공하는 권한 부여에 대해 고무한 바 있다.

> 정의는 부의 분배 과정에서도 지켜져야 하지만 사람이 부를 생산하는 환경과 관련해서도 지켜져야 한다. 각 사람은 그 본성상 자기 일을 통해 자신을 표현하고, 이로써 그 자신의 존재를 완성하고픈 욕구가 있다. 따라서 만일 어떤 경제제도의 모든 구조와 조직이 인간의 존엄성을 손상하고, 사람의 책임감을 떨어뜨리거나 개인적 주도권을 행사할 기회를 빼앗는다면, 그런 제도는 완전히 불의하다는 것이 우리의 주장이다. 이는 그 제도가 얼마나 많은 부를 생산하는지, 그런 부가 얼마나 정의롭고 공평하게 분배되는지와 상관이 없다.[25]

이어서 협동조합은 반드시 보호해야 할 "위대한 과업"을 갖고 있다고 언급하면서, 그것은 "그들의 본보기로 말미암아 그들의 공동체 내에 진정한 책임감, 협동 정신, 그리고 뛰어난 장점을 지닌 새

롭고 독창적인 일을 늘 창조하려는 열망이 계속 살아 있게 하기 때문"이라고 했다.[26]

교황 요한 바오로 2세 역시 1981년에 자본주의와 공산주의 모두 성경적인 목표에 훨씬 못 미친다고 지적하고, 가톨릭 사회사상은 다음과 같은 기나긴 전통을 포함한다는 점을 상기시켰다.

> 노동자들이 경영과 (혹은) 사업의 이윤, 이른바 노동에 의한 주식보유 등에 참여하는 것과 같은, 노동 수단의 공동소유권을 제의해 온 긴 전통이 있다. 이런 다양한 제의들이 구체적으로 적용될 수 있는지 여부와 상관없이, 생산 과정에서의 노동과 노동자의 합당한 위치를 인정한다면 생산수단의 소유권에 대한 권리의 영역에서 다양한 변화가 요구된다.[27]

「공산주의에 관한 기독교 핸드북」 역시 협동조합을 분명히 지지하고, 신앙에 바탕을 둔 캐나다 노바스코샤의 안티고니쉬 운동을 그리스도인이 좇을 만한 좋은 본보기로 제시하고 있다. 모제스 코디 신부는 그의 지역이 마르크스주의 선동가의 영향을 받기 전에 가난한 자들에게 스스로 가난에서 벗어날 수 있다고 역설하는 교육 운동을 전개했다. 1962년에 이르면 그 지역의 경제와 사람들의 자아상을 변모시키는 데 일익을 담당한 협동조합 공장과 신용조합 등 많은 협동조합 기업들이 존재했다.

안티고니쉬는 노바스코샤를 세계적인 협동조합 센터로 만들었고, 코디 연구소는 지금도 전 세계에서 오는 사람들이 공동체 중심

의 개발을 주도하도록 그들을 훈련하고 있다.[28]

우리는 세계경제가 좀 더 정의로운 방향으로 발전하도록 돕는 길을 반드시 찾아야 하는데, 협동적인 노력이야말로 언제나 정의를 실현하는 몸부림에서 일익을 담당했다. 우리는 반공주의 입장을 취하는 「공산주의에 관한 기독교 핸드북」의 저자들의 권고를 진지하게 받아들일 필요가 있다.

> 그리스도인들은 대규모 회사와 다양한 시스템이 가득한 오늘날의 경제생활에서의 분권화의 중요성과 독립된 경제계획 센터 설립의 중요성을 이해할 필요가 있다. 그들은 민주적 기업들의 발전이 아시아와 아프리카와 라틴아메리카의 착취당하는 나라들에게 무엇을 의미했는지를 알아야 한다.[29]

역사는 정의를 무시하는 바람에 촉발된 격변의 순환으로 채색되어 있다. 상황이 악화되면 반드시 그에 대한 반응이 발생하는 법이다. 이 순환은 우리가 자유와 정의의 올바른 조합에 이르는 길을 찾을 때까지 계속 이어질 것이다.

농민들과 교황들은 협동이 이런 악순환을 깰 수 있을 뿐 아니라 자본주의와 공산주의의 장점을 제공하는 한편, 양자에 대한 귀중한 대안이 된다는 것을 똑같이 알았다. 협동의 길은 하나님의 계획에 따른 자유의지를 양성해 정의로운 사회를 향한 자유롭고 질서정연한 변천을 도모해 준다.

7

새로운 친교
현대 기독교 협동조합의 본보기들

이제까지 우리는 성경에 기록된 협동의 행습과 그 영향을 받은 다양한 관행을 살펴보았다. 경우에 따라 그 효과가 달랐지만 모두가 사회를 조직하는 법에 관한 논의에 기여할 수 있다. 하나님은 정의와 포용의 원칙이 지켜지는 한 다양성을 좋아하는 분이기에 우리에게 도움 줄 수 있는 모델은 상당히 많다.

그런데 이제까지 든 많은 본보기의 공통점은 모두 오래되었다는 것이다. 그 실례들은 우리 시대와는 매우 다른 상황에 대처하려고 만들어졌고, 경제 및 기술적 변화가 우리에게 새로운 도전을 던지기 때문에 그런 것들을 곧바로 적용하기가 어렵다. 그래서 이제 오늘날 발전하고 있는 여러 모델에 눈을 돌리고자 한다. 이 프로젝트들은 겨자 식물이 거둔 오늘날의 수확에 해당한다.

어떤 사람들은 그 옛날 신자들이 "계속해서 모여 그들의 소유물을 모두 공유했다"(행 4:32, NLT)는 것을 읽고 그것을 문자적으로 재연하고 싶어 할지 모른다. 하지만 현대인들 대부분은 그런 공동생활을 실현할 수 있는 대안으로 생각하지 않을 것이다. 그것을 이상으로 여길 수는 있으나 그런 최초의 시도가 결코 지속되지 않았다는 사실을 잊으면 안 된다.

공동의 기독교를 이룩하려던 최초의 시도는 갑작스러운 변동 때문에 실패한 듯하다. 거듭된 혁명과 공동생활의 실패에서 우리가 배울 수 있는 교훈은 사람들이 환경과 행동의 전면적인 변화에 잘 적응하지 못한다는 사실이다.

협동조합 모델의 장점은 좀 더 정의로운 세계를 향한 점진적인 변천의 기회를 준다는 데 있다. 혁명은 필요하지 않으며, 참여자들은 본인들이 준비된 만큼 새로운 질서를 세우는 일에 참여할 수 있다. 모델이 많으면 많을수록 성장과 배움의 기회가 더 늘어나고, 궁극적인 목표에 이르는 단계를 밟기가 쉬워질 것이다. 그 목표가 공동생활을 영위하는 것이든, 우리의 윤리에 부합하는 방식으로 보험이나 식료품을 사는 것이든 상관없다. 소규모 협동조합들은 더 큰 조합과 합병하여 조합원을 많이 끌어들일 수 있다.

오늘날의 협동조합은 워낙 다양해서 분류하기가 어렵다. 하지만 이런 프로젝트들이 초기 기독교에 걸맞은 긍정적인 변화에 어떻게 기여하는지를 보여주려면, 그것들을 다음 두 가지 질문 아래서 네 가지 범주로 구분할 수 있겠다.

첫째, 얼마나 포용적인가, 아니면 배타적인가?

배제는 여러 형태를 띨 수 있는데, 핵심 질문은 회원자격이 특정한 신자들에게만 주어지는지 여부다. 배제의 동기는 실제적인지, 복음적인지 혹은 천년왕국과 관련이 있는지에 따라 분류될 수 있다. 배제란 결국 분리를 지향하는 행동이다.

다른 한편, 포용이란 회원자격을 종교와 상관없이 열어놓는 것을 말한다. 그 동기는 모든 이웃을 사랑하고픈 마음일 수도 있고 복음전도를 겨냥하는 것일 수도 있다. 즉, 사람들을 회심시키기 전에 먼저 그들을 끌어들이는 기회를 주기 때문이다. 누군가 예수의 가르침에 바탕을 둔 경제에 참여하게 되면 그 선생에 관해 알고 싶어 할 수 있고, 이는 예수와 바울이 언급한 사랑을 전할 기회가 된다.

둘째, 협동조합이 제한된 서비스를 제공하는가, 아니면 모든 조합원의 일상적인 필요를 채우는 포괄적인 공동체로 존재하는가?

한편에는 보험의 경우와 같이 단지 드물게 사용하는 서비스를 제공하는 서비스 협동조합이 있다. 또 다른 협동조합들은 정기적으로 사용되는 서비스를 제공하는데, 조합원들이 협동조합과 잦은 교류를 하지만 그들 간의 관계는 동네 식품 가게에서 만나는 고객들 간의 관계와 비슷하다. 그런 프로젝트들은 삶을 변화시키는 역량이 충분하진 않지만 건축용 벽돌 역할은 할 수 있다. 더 중요한 특징은, 공동생활에는 관심이 없는 사람을 끌어들일 수 있다는 점이다. 이런 조합은 조합원의 삶의 일부만 끌어들이기 때문에 조합원은 여러 협동조합에 동시에 가입할 수 있고, 교회 중심의 신앙생활을 영위하며, 개인적인 저축도 그대로 유지할 수 있다.

다른 한편, 사도행전에 나오는 경우와 같이, 조합원의 모든 필요를 채워주는 포괄적인 공동체 역할을 하는 협동조합이 있다. 최상의 경우, 이런 조합들은 "하늘에서와 같이 땅에서 사는" 삶이 어떤 모습인지를 얼핏 보여준다. 물론 그 형태는 아주 다양하다. 일부는 재산을 완전히 공유하거나 어느 수준 이상의 재물을 공유하기로 합의한다. 또 어떤 조합들은 각 개인이나 가정이 자본주의 경제하에서의 삶과 비슷하게 자신의 재정을 유지하도록 허용하지만, 일상적인 거래는 협동조합 시스템 내에서 하도록 한다.

기독교 협동조합만 해도 수많은 본보기가 있다. 내가 여기서 소개하는 것은 그중 일부에 불과하다. 소개하는 단체들은 다양한 접근을 대표하는 것들이다. 나는 더 많은 조사를 하기 원하는 이들을 위해 인터넷에서 쉽게 찾을 수 있는 프로젝트들을 골랐다. 이를 비롯한 많은 실례를 찾고 싶으면 www.bookofacts.info를 참고하라.

이 두 가지 특성들—배타적이고 포용적인 것, 서비스와 시스템—을 조합하여 네 가지 범주를 만들 수 있다. 각 범주 내에서도 공동의 신앙을 구현하는 방법이 수없이 많지만, 전반적인 특징을 알기위해 각 범주의 샘플을 살펴보도록 하자.

배타적인 서비스

'메디쉐어'(Medi-Share)와 'CHM'(Christian Healthcare Ministries)은 협동조합형 의료보험 시스템들이다. 이들 협동조합은 회원들이 자발적인 상호부조를 통해 의료비로 7.5억 달러를 지불하도록 도왔다. 두 조합 모두 간음과 마약 남용을 금지하는 등 성경적 생활방식을 좇는 그리스도인에게만 회원권을 부여한다.

메디쉐어와 CHM은 여러 단계의 회원이 있는데, 대체로 회원 단계에 따른 보험 보상 범위는 비슷하지만 보험료와는 큰 상관관계가 없는 편이다. CHM의 경우, 회원들이 그 프로그램의 지침에 안 맞는 의료비를 상정할 수 있게 함으로써, 동료 회원들이 그들의 기도제목을 나누고 직접 기부금을 낼 수 있게 하기도 한다.[1]

5만 명에 달하는 메디쉐어 조합원들은 그들의 프로그램을 민주적으로 운영한다. 이 조합의 웹사이트는 이렇게 선언하고 있다. "조합원들은 투표를 통해 공유가 필요한 의료의 범위를 넓히고, 조합원의 책임을 변경하고, 프로그램을 수정할 수 있다. 이것이 우리 조합원들이 메디쉐어에 그토록 만족하는 중요한 이유 가운데 하나다. 그들에게는 투표권이 있다!"[2]

오하이오의 아미시 농민과 메노나이트 농민들은 오늘까지 '그린필드 팜즈'(Green Field Farms)와 함께 전통적인 협동의 행습을 유지해 왔다. 낙농업자들로 구성된 이 협동조합은 현재 세속적인 협동조합과 동반자 관계를 맺어 오르가닉 밸리 낙농 제품을 만들고 있다. 이로 말미암아 그린필드는 그들의 문화 및 종교적 정체성을 유지하는 가운데 조합원들의 생산품을 마케팅하고 그들의 소득을 증대시킬 수 있게 되었다.

그린필드 조합원 지침에 따르면, 조합원들은 지속가능하고 인도적인 행습을 따라야 할 뿐 아니라 플레인 공동체의 구성원이어야 하고, 수송 수단으로 말과 마차를 이용해야 한다. 아울러 타인에 대한 보살핌까지 포함하고 있다. "우리는 우리 공동체의 안팎에 있는 모든 사람을 존중한다. 우리는 아미시 공동체뿐 아니라 일반 공동체까지 개선할 길을 찾는 것이 항상 최선이라고 믿는다."[3]

포용적인 서비스

'굿빌 뮤추얼'(Goodville Mutual)은 1926년 메노나이트파가 자신들에게 자동차 보험 혜택을 주려고 시작했는데, 지금은 일반인들에게도 회원권을 제공하고 있다. 이 조합은 메노나이트 가치관에 기초해 있고, 의사 결정은 "사랑과 정의와 정직과 같은 성경적인 원리들에 따라" 이뤄진다. 굿빌은 아홉 개 주(州)로 퍼져나갔고, 현재 집과 농장, 사업체와 교회까지 보험 가입이 가능하다. 이 회사는 성공했는데도 불구하고 여전히 독립된 지역 중개인들과만 일하는 원칙을 지키고 있다. 이윤은 그 조합원들에게 혜택을 주기 위해 회사로 재투자된다.[4]

로버트 왈드롭이라는 가톨릭 평신도 지도자는 2003년 농민들과 도시 소비자들을 연결시키는 방안으로 '오클라호마 식품 협동조합'(Oklahoma Food Co-op)을 창립했다. 그는 가톨릭 노동자 협회를 위해 양식을 구입할 때 농민들과 직거래를 했으나, 직접 구매는 대다수 사람에게 편리하지 않다는 것을 알게 되었다. 그래서 다른 이들도 신선한 지역 식품을 살 수 있게 하려고 함께 주문하는 그룹을 조직했다.[5] 그들의 식품 협동조합은 현재 온갖 종류의 오클라호마산 생산품을 판매할 수 있는 전자상거래가 가능한 웹사이트를 운영하는 중이다. 이 혁신적인 조합에는 천 명 넘는 소비자와 100여 명의 생산자가 가입해 있다. 한 달에 한 번, 주문 내용을 모아 자원 봉사자 네트워크를 이용해 오클라호마 주 전역에 공급한다.[6]

또 다른 식품 관련 사역은 유타의 '공동체 식품 협동조합' (Community Food Co-op)이다. 이 조합은 매달 회원들에게 주요 식품 상자를 공급하는 전국적인 식료품 분배 사역인 '쉐어'(SHARE)에 그 뿌리를 두고 있다. 유타 지부가 스스로를 협동조합으로 부르는 유일한 쉐어 지부이지만, 모든 지부는 회원들이 감당할 만한 식료품을 사도록 돕기 위해 협동조합의 장점을 십분 활용하고 있다. 협동조합은 자선 프로그램이 아니며, 조합원들의 혜택은 대량 구입에 기초해 있다. 이 유타 협동조합의 팀들은 현재 솔트 레이크 시티 광역권에 있는 교회들을 중심으로 스물네 군데 이상에 퍼져 있다. 그들의 목표는 굶주림을 줄이고 모든 종교인을 위해 공동체를 건설하는 것이다.[7]

배타적인 시스템

＊￭￭

그리스도인의 공동체 생활은 모든 시대에 떠오르는 공동 주제로, 오늘날과 같은 개인주의적인 시대에도 예외가 아니다. 현재에도 이 책이 모두 다룰 수 없을 만큼 많은 공동체들이 있기 때문에 그중에서 색다른 특징을 지닌 소수의 본보기에 초점을 맞출 생각이다.

첫 번째 그룹은 이른바 '신수도원주의'(new monasticism)라고 불리는 운동이다. 이 느슨한 네트워크는 계속 성장 중인데, 미국 전역에 걸쳐 수십 개의 공동체가 가입되어 있다. '수도원'이라는 딱지가 예복과 성가의 이미지를 떠올리게 할지 모르지만 여느 현대식 가구(家口)와 별로 다르지 않다. 그들은 그리스도의 모범에 깊은 영감을 받은 평범한 사람들이다. 이들은 공동체를 평생에 걸친 회심을 추구하는 수단으로 본다. 이런 개인적인 모습은 그 공동체의 자화상에 반영되어 있다. 이 운동을 예수의 모범을 좇아 살기 위한 분권화된 노력으로 보는 것이다.

그들의 느슨한 정체성은 열두 가지 '표지들'을 중심으로 형성되어 있다. 이는 전통적인 의미의 수도원 규율이 아니라 그들의 집단적 노력을 나타내는 원칙들에 해당한다. 이 표지들은 가난하고 고생하는 공동체들—'제국의 버려진 장소들'이라 불리는—로의 이전을 필두로 반(反)문화적인 성격을 갖고 있다. 여기에서 다양한 배경을 가진 구성원들이 초기 기독교 은둔자들의 광야 경험과 같은 것과 연결된다. 다른 표지들 가운데는 경제적 자원의 공유와 "마태복음 18장의 노선에 따른 공동체 내의 갈등 해소" 등이 포함되어 있다.[8]

새로 출현한 이 운동을 다루는 저자 가운데 한 명은 조너선 윌슨 하트그로브이다. 그는 이 공동체들이 세울 수 있는 신앙의 깊이를, 제단 초청에서 볼 수 있는 회심의 결과인 피상적이고 일시적인 변화와 대조시킨다. "안타깝게도, 이런 [후자와 같은] 방식으로 기독교 신앙을 고백하도록 배운 우리는 실제 행동에서 미국의 여느 사람과 같이 그리스도를 닮은 모습이 없다."[9] 신수도원주의는 구성원들이 좀 더 그리스도를 닮은 행동을 하도록 도와준다.

신수도원주의 멤버들은 복음주의나 메노나이트파 출신이 많지만, 가톨릭교도와 성공회 교인과 주류 프로테스탄트들도 있다. 다양한 배경을 갖고 있어서 일요일 아침에 다 함께 지낼 수 없는 사람들이 공동체 안에서 24시간 내내 깊은 교제를 하며 살았고, 이는 무려 20년이나 지속되었다. 교리의 문제가 생기기도 하지만 초점은 어디까지나 공동생활과 상호사랑에 맞춰져 있다.

신수도원주의는 일련의 '회심 학교'를 계속 주최하고 있는데, 이는 샌프란시스코에 있는 기존 공동체인 소저너스 교회와 같은 공동체들이 주관하는 모임이다. 이 교회는 네 채의 큰 집에서 동거하는 35명으로 구성되어 있고, 각 가구는 대가족 내의 한 가족으로 기능하고 있다.

신수도원주의 네트워크에 속하는 또 다른 교회는 '서번트킹 교회'(Church of the Servent King)인데, 이는 오리건 주 유진에서 지난 20년 동안 여러 집에서 동거하는 교인들로 구성된 교회이다. 이들은 커피하우스와 지역사회 모임 공간을 운영하고 있다. 이 공동체의 일부 멤버는 이 책 「협동조합, 성경의 눈으로 보다」를 펴낸 출판사(Wipf and Stock Publishers)에 근무하면서 후자와 긴밀한 관계를 맺고 있다.[10]

'가톨릭 일꾼'(The Catholic Worker) 역시 공동체와 손님 대접을 강조하는 오래된 운동이다. 본래 대공황 시절에 도로시 데이와 피터 모린이 시작했고, 지금은 미국 전역과 외국에까지 퍼져나간, 거의 200개에 달하는 주택과 농장을 가진 대규모 운동이다. 일부는 순전히 가톨릭교도로 구성되어 있으나 에큐메니컬 공동체들도 존재한다. 초점을 손님 대접에 두고 있어서 때로는 공동체 구성원보다 손님들이 더 많은 경우도 있다.

많은 경우, 회원들이 공동 주택에서 동숙인으로 다 함께 살지만, 세인트루이스에서 최근에 시작된 프로젝트인 '도로시 데이 코하우징'(Dorothy Day Cohousing)은 회원들에게 더 많은 사생활을 보장하려고 노력했다. 그들은 가족에게 사적인 집—이 경우에는 아파트—을 갖도록 해주는 '코하우징'이란 협동조합 모델을 사용하고 있었다.[11] 코하우징의 예가 '가톨릭 일꾼'에만 있는 것은 아니고, 샌프란시스코 베이 지역의 '테메스칼 커먼즈'(Temescal Commons)와 시애틀 근처의 '바디메오 코하우징'(Bartimaeus Cohousing)과 같은 신앙적인 공동체들도 있다.[12]

공동생활은 또한 공동 작업을 포함하기도 한다. 'JPUSA'는 1972년에 출범한 독립 공동체이다. 이 공동체는 시카고의 한 아파트에 사는 주민 500명과 이보다 더 많은 비거주 회원으로 구성되어 있다. JPUSA는 1960년대와 1970년대에 일어난 반문화 운동 기간에 수많은 공동 주택을 세운 그리스도인 히피족 운동인 '지저스피플'(JP)의 후신이다. JPUSA는 현재 여러 기업을 소유하고 있고, 티셔츠 인쇄, 지붕용 자재와 외장용 재료 및 금속 박판 판매 등을 함께하고 있다. 이런 프로젝트들이 그 공동체의 총소득 가운데 90퍼센트를 이룬다. 이 기업들은 사도행전에서 영감을 받은 하나의 역할 모델이면서 일반 대중과 교류할 수 있는, 공동체 사역에 필수적인 부분으로 여겨지고 있다.[13]

이 공동체는 권력의 위험을 잘 인식하고 있고, 그것을 피하기 위해 그들의 리더십을 분권화했다. 몇몇 지도자들에게 권한을 부여하지만, 이는 권력을 공유하려는 마음으로 조율되고 있다. 그들은 리더십과 하나님의 인도에 관한 중요한 성경적 가르침으로 이를 설명한다.

> 공동체 내의 리더십 역할은 나름의 어려움이 있다. 우리는 본성상 그릇된 이유로 그런 역할을 갖고 싶어 한다. 영예를 위해, 명성을 위해, 타인의 동경을 받기 위해, 혹은 우리가 중요한 인물임을 증명하기 위해. 우리 모두가 품고 있는 이런 자연스런 성향을 인식하는 가운데, 우리는 1인 지도자 체제로 움직이지 않는다. …이런 다원화된 리더십은 권위 있는 지위를 가진 자들뿐 아니라 가장 어린 공동체 멤버들을 통해서도 하나님의 음성을 들을 수 있는 상호복종에 기초를 두고 있다. 모든 건강한 공동체는 기독교적인 상호헌신의 부산물, 곧 상호복종을 특징으로 하는 좋은 리더십을 갖고 있다.[14]

포용적인 시스템

어떤 시스템들은 그 중심에 기독교적 가치관이 있지만 일상적인 운영 방식은 그리 종교적이지 않다. 이런 시스템은 종종 작은 협동조합 집단으로 출범했다가 세월이 흐르면서 모든 이웃을 영입하는 지역 시스템으로 성장한다. 이런 협동조합 시스템들은 특히 이탈리아를 비롯한 여러 나라에 있는데, 소비자들이 단골 고객으로서

밀어주는 사업체들과 맺는 관계와 비슷한 느슨한 구조를 갖고 있으면서 많은 서비스를 제공하는 경우들이다. 규모가 가장 큰 모델들은 주로 이탈리아와 스페인에 있다.

'이탈리아 협동조합 동맹'은 1919년 당시 기존의 가톨릭 협동조합들의 연합으로 창립되었다. 이 동맹은 현재 이탈리아에서 가장 큰 동맹으로서 해마다 400억 유로 규모의 사업을 운영하고 있다. 조합원이 300만 명(어떤 사람은 복수의 협동조합에 가입해 있지만)이고 직원도 40만 명이나 된다. 이들은 관광산업에서 건강관리와 어업과 농업에 이르는 폭넓은 산업에 깊이 관여하고 있고, 신용조합들은 이탈리아 금융 산업의 10분의 1 이상을 점유하고 있다.[15]

'트렌토 협동조합 연맹'은 1895년에 창립되었고, 현재 이탈리아 자치구인 트렌토에서 지역 중심적인 성향을 강하게 띠고 활동하고 있다. 그 지방의 절반에 가까운 인구가 500개도 넘는 협동조합 가운데 적어도 하나에 가입되어 있다. 이 동맹의 초점은 농업(특히 포도주와 치즈)과 소매업(200개도 넘는 마을에 있는 유일한 식료품 가게에 물건을 공급하는)에 있지만, 관광산업에서 사회봉사에 이르는 모든 분야에 걸쳐 근로자 소유의 협동조합들이 존재하고 있다. 이 협동조합들은 1만 3천 명 이상의 직원을 고용하고 있으며 자산을 합치면 20억 유로가 훨씬 넘는다.[16]

스페인 바스크 지방에 있는 '몬드라곤 협동조합'은 젊은 가톨릭 사제인 조세 마리아 아리즈멘디아리에타를 통해 출범했다. 아리즈멘디 신부라고 알려진 그는 스페인 내전과 2차 대전의 여파로 가난에 빠진 그 지방으로 파견되었다. 거기서 그는 직업학교를 설립

　　　　　　　　　　　　　　협동조합, 성경의 눈으로 보다

하여 억눌린 사람들을 섬겼다. 이 학교의 최초 졸업생들은 1956
년 협동조합을 조직했고 그들의 기술을 이용하여 가정용품을 만들
었다.

바스크 협동조합 운동은 더 많은 협동조합에 집중투자를 하면서
성장해 갔다. 근로자들은 퇴직할 때 현금화할 수 있는 자본계정을
보유했다. 따라서 퇴직할 때까지는 그 돈을 새로운 협동조합에 투
자할 수 있었던 것이다.

몬드라곤의 첫 조합원들은 자기네 상황을 개선하는 일에 만족하
지 않고 이윤의 일부를 동료 새내기 협동조합을 돕는 데 사용하기
로 결의했다. 그 결과 스페인에서 일곱 번째로 큰 기업집단을 만들
게 되었다. 몬드라곤은 스페인의 최대 규모 은행과 가장 큰 내국인
소유 슈퍼마켓 체인을 포함한 150개 이상의 협동조합 회사들을 통
해 8만 3천 명도 넘는 근로자를 고용하고 있다. 자산은 거의 300
억 유로에 달한다.[17]

처음 30년 동안 몬드라곤은 100개가 넘는 협동조합을 설립했는
데, 당시 스페인을 강타한 극심한 경기침체에도 불구하고 세 개를
제외한 모두가 살아남았다. 바스크 지방은 경기침체가 극에 달했
을 때 노동력의 4분의 1이 실업상태에 빠졌으나 협동조합들은 계
속 일자리를 창출했다. 때때로 어떤 일자리들은 없어졌지만 근로
자들은 그대로 남아서 그 시스템 내의 다른 곳에 고용되었다.[18] 바
스크인들은 기독교적인 사회적 가치관에 충실하면서도 수익성 있
는 대규모 사업을 운영할 수 있음을 보여주었다.[19]

연대성과 협동조합

■·■■

협동조합은 풍요로운 나라들에 사는 행운아들만을 위한 것이 아니다. 협동은 종종 필요에 의해 생기며, 자급자족을 할 수 없는 사람들은 집단적인 해결책을 찾아 나설 가능성이 더 크다. 여러 면에서 세계적인 협동조합 운동은 협동의 필요성이 더 뚜렷한 개발도상국에서 좀 더 강한 편이다.

오늘날 경제적인 문제에서 오는 증상들은 세계적인 선교사역에 영감과 정당성을 부여하는데, 협동은 그 문제의 뿌리를 건드린다. 사실 가난한 사람들에 대한 무분별한 원조는 지역경제를 더욱 붕괴하고 가난을 대물림하게 할 수 있다. 자선단체는 좋은 의도를 품고 있지만, 도움을 받는 사람들은 공짜 식량이 트럭으로 밀어닥치면 곡물을 심을 가능성이 별로 없다. 이런 식량은 굶주림의 증상을 잠시 덜어주긴 해도 굶주림의 원인을 다루지는 못한다. 그 결과 종종 전통적인 지역경제를 붕괴하고 경제적 무질서를 낳는다. 반면에 협동조합은 이런 지역경제의 재건에 꼭 필요한 독립성을 부여하고 그들에게 세계경제와의 공정한 연계성을 제공하는 면에서 큰 장점을 갖고 있다.

'카페 저스토'(Café Justo, 공정 커피)는 멕시코의 치아파스 주에서 소규모 독립 농가의 평균 수입을 훨씬 능가하는 소득을 조합원들에게 제공하는 협동조합이다. 소매가격에서 그들이 얻는 몫이 그동안 열 배나 증가했다. 공동 작업을 하는 그들은 미국 국경의 남쪽에 커피를 굽고 포장하는 공장을 설립할 수 있었다. 생콩은 조합원의 친척들이 운영하는, 멕시코 극단에 있는 재배지에서 그 공장으로 운송된다. 그리고 완제품은 국경을 넘어 미국 전역으로 배송된다. 판매는 대부분 애리조나 남부에 있는 교회들을 통해 이뤄진다.

카페 저스토의 초기 자본금 2만 달러는 국경 지역의 장로교 사역인 '프론테라 드 크리스토'(Frontera de Cristo)가 빌려준 것이다. 이 투자는 조합원들의 삶에 엄청난 변화를 초래했고, 불법 이민을 만류하는 긍정적이며 인도적인 영향을 미쳤다. 경제적인 안정을 찾게 된 조합원들은 일자리를 찾기 위해 가정과 가족을 떠나 미국으로 갈 필요가 없어졌다. 그 가족들은 건강보험이 있고 치아파스에 있는 고향에는 안전한 식수가 공급되었다.[20]

'쿠아파 코쿠'(Kuapa Kokoo)는 세계경제에 공정성을 되찾을 수 있음을 보여준 또 다른 본보기이다. 가나의 코코아 재배 농민들로 구성된 이 협동조합은 1993년 세계적인 코코아 가격 하락의 압력에 대한 대책으로 조직되었다. 현재 이 조합은 4만 5천 명의 농민으로 이뤄져 있고, 이들은 예전보다 나은 가격과 그 사업에 대한 통제권을 누리고 있다. 조합원들은 이 통제권을 이용하여 장차 추가 원조가 필요하지 않도록 지속가능한 테크닉을 개발해 왔다. 이 협동조합은 또한 조합원을 위해 신용조합을 열었고, 이윤의 일정액을 모든 사람의 삶의 질을 높이기 위해 지역사회에 기부하고 있다. 이는 신앙에 바탕을 둔 조직은 아니지만 기독교적 가치관과 충분히 양립할 수 있는 사업 형태를 갖고 있다.[21]

쿠아파 코쿠의 혁신적인 사업은 1997년 '디바인 초콜릿'(Divine

Chocolate)사를 선보였을 때 새로운 차원에 도달했다. 이 국제적인 회사의 절반가량이 협동조합의 소유이고, 이로 말미암아 농부들은 자기네 생산품의 소매가격에서 훨씬 큰 몫을 배당받게 되었다. 하지만 부유한 나라들의 여러 기관에서 추가 도움을 주지 않았더라면 그들은 결코 도약할 수 없었을 것이다. 그 가운데는 루터교 세계구호기구(Lutheran World Relief)와 영국의 기독교 자선단체(Christian Aid)와 같이 재정 지원과 더불어 시장과의 연결을 주선한 단체들이 포함되어 있다.[22]

디바인 초콜릿은 또한 '오이코크레디트'(Oikocredit)라는 신용조합의 후원을 받았다. 이 신용조합은 전 세계의 많은 협동조합에 자금을 공급했고 종교와 상관없이 대부를 해주고 있다. 오이코크레디트는 투자금에 대해 적당한 수익을 보장하면서 사회적 책임을 수반하는 투자 기회를 제공한다. 그 사명이 세계의 가난한 자를 후원하는 데 있기 때문에 모든 회원 조직들은 동일한 권력을 갖고 있다. 말하자면, 지구 북반구의 부유한 투자자들과 대부금을 받는 처지에 있는 나라의 소규모 투자자들이 똑같은 권력을 공유한다는 뜻이다.

현재 오이코크레디트는 수백 개의 교회, 수십 개의 은행과 후원단체, 그리고 2만 7천 명이나 되는 개인 투자자들이 투자하여 총 자본금이 3억 유로에 달한다. 지난 30년 동안 채무 불이행 비율이 10퍼센트에 못 미치는 것으로 보아 이 프로그램은 수령자들에게 재정적인 안정을 제공하는 것이 분명하다.[23]

미국의 풍요는 다른 국가들의 가난과 대대로 내려오는 불공정함에 바탕을 두고 있는 만큼 우리는 이 불균형을 타개할 책임이 있다. 이에 대해서도 협동조합은 얼핏 불가능하게 보이는 문제를 다룰 길을 제공한다. 이런 방식은 풍요로운 나라에 사는 국민들이 우리의 형제자매들을 돕기 위해 범세계적으로 협동할 수 있는 길을 보여준다.

8

협동조합의 원칙
협력의 기회와 걸림돌

기독교적 가치관은 협동의 행습을 물론 지지하지만 이것은 반쪽 그림에 불과하다. 우리는 그리스도인들이 협동하는 방식이 현대의 협동조합 운동과 양립할 수 있는지 여부를 생각해야 한다.

그리스도인들은 개인적 차원에서 협동조합 운동의 발달에 중요한 역할을 했고, 많은 협동조합은 이 책에서 다룬 기독교적 가치관에 공감을 표한다. 하지만 개인들이 참여하고 이따금 기독교적인 협동조합이 출현한다고 해서 협동조합의 발전이 장차 기독교의 공동체 건설, 사역, 복음전도를 위한 지배적인 테크닉이 될 것으로 생각하면 안 된다. 또한 이런 발전이 전반적인 협동조합 운동에 흔쾌히 영입될 것으로 생각해도 안 된다.

신약성경에 나오는 행습은 현대 협동조합에서 볼 수 있는 대부분의 행습보다 훨씬 더 급진적이다. 그 차이점은 소유물을 공유한 정도, 경제적인 구분이 무너진 정도, 참여자의 참여가 지닌 포괄적인 성격, 종교 기관과 경제 기관 간의 경계선의 제거 등이다.

많은 그리스도인은 협동조합의 가치를 인식할 수 있지만, 과연 신앙적인 협동조합 프로젝트가 협동조합 운동에 통합될 수 있을까? 아니, 그것이 그리스도인에게 바람직할까? 이런 문제를 다루기 위해 이제 기존의 협동조합 운동의 표준, 곧 국제적으로 공인된 일곱 가지 원칙을 살펴보기로 하자.

"협동조합 정체성에 대한 선언"은 보통 최초의 성공적인 현대식 협동조합으로 보는 잉글랜드 노동자들의 집단(그들의 가게는 맨체스터에 있었다)이 1844년에 만든 이른바 '로치데일 원칙'에서 발전한 것이다. 이 원칙은 세월이 흐르면서 개정되어 왔고, 1995년 국제협동조합연맹이 만든 목록은 다음과 같이 요약할 수 있다.

1. 자발적이고 열린 멤버십
2. 민주적인 회원 통제
3. 회원의 경제적 참여
4. 자율성과 독립성
5. 교육, 훈련, 정보
6. 협동조합들 간의 협조
7. 공동체에 대한 관심[1]

이 원칙들은 대부분 기독교 협동조합을 이해하는 데 큰 문제가 없지만 세 가지는 약간 자세히 다룰 필요가 있다. '자발적이고 열린 멤버십'은 신앙적인 협동조합에 포용의 문제를 제기할 수 있다. '민주적인 회원 통제'는 포용적인 의사 결정이라는 성경적인 모델과 반드시 어울리는 것은 아니다. 끝으로, '자율성과 독립성'은 에클레시아를 통합된 동아리들로 재건하려는 노력과 갈등을 일으킬지 모른다.

내가 협동조합 운동을 대변하려는 것이 아닌 만큼 내 분석을 일종의 최종 결론으로 여겨서는 안 된다. 나는 단지 내 경험을 바탕으로 이슈들을 고찰하고 양립 가능성에 관한 대화에서 무엇을 기대할 수 있을지 나름의 생각을 피력할 뿐이다. 그 결과는 지금으로선 예측할 수 없는 다수의 개인들과 협동조합들의 반응을 통해 밝히 드러날 것이다.

자발적이고 열린 멤버십

첫 번째 협동조합 원칙은 두 가지 별개의 개념들을 내포하고 있는 만큼 각각 따로 다룰 필요가 있다. 자발적인 멤버십은 문제가 없지만 열린 멤버십은 그리 단순하지 않다.

자발적인 참여는 그리스도인과 협동조합 운동 간의 양립 가능성의 핵심 요소가 되어야 한다. 우리는 정부가 도덕을 강요할 때는 단기간에 국한되어야 하고 크나큰 대가를 지불할 수밖에 없다는 사실을 거듭 배웠다. 자발적인 멤버십은 공동의 목적에 대한 의식을 심어주는 데 도움이 된다. 이유인즉 협동조합들이 공산주의의 트로이 목마(적을 속이기 위해 사용하는 사람이나 물건-옮긴이)로 작동할 수 있는 위험을 줄여주기 때문이다. 많은 사회주의 정부들이 협동조합이라고 불리는 것을 운영했지만, 이 가짜 협동조합들은 정부의 팔다리인 만큼 앞으로 논의할 자율성의 원칙에 위배된다.

범세계적인 공산주의 운동은 무너졌으나 그 저변에 깔린 동기는 여전히 남아 있다. 세상은 거대한 빈부 격차에 시달리고 있고, 이런 상황은 자원이 희소해지고 사람이 많아질수록 더욱 악화될 전망이다. 혁명의 징후가 세계 곳곳에 보이고 있고 언제 거기에 불이 붙을지 모른다. 그리스도인들은 그 배후의 정당한 불평을 억누르기보다 코디 신부가 노바스코샤에서 했던 것처럼 그 문제에 정면으로 마주할 필요가 있다. 그가 보여준 협동의 본보기는 성경의 눈으로 볼 때뿐 아니라 오늘날에도 여전히 유효한 신뢰할 만한 모델이다.

이 원칙의 뒷부분은 신앙에 기초한 협동과의 양립 가능성에 대해 도전을 제기한다. 종교적 정체성을 바탕으로 참여를 제한하는 조직들은 열린 멤버십과 상충되기 때문이다. 이 원칙은 협동조합을 다음과 같이 묘사한다. "성, 사회적 지위, 인종, 정치적 입장, 종교 등을 차별하지 않고, 서비스를 활용하고 멤버십의 책임을 기꺼이 수용하는 모든 사람에게 열려 있는 자발적인 조직"이라고.

성경에는 하나님의 백성이 스스로를 세상에서 분리시킨다는 주제가 강하게 흐르고 있다. 이를테면, 바울은 "너희는 믿지 않는 자와 멍에를 함께 메지 말라. 의와 불법이 어찌 함께하며 빛과 어둠이 어찌 사귀겠는가?"(고후 6:14) 하고 말한다. 이는 다리 세우기에 좋은 조짐은 아니지만 예수는 흔히 의인으로 자처했던 바리새인들을 적대시하는 한편 구제불능으로 보이는 사람들과 자주 어울리곤 했다. 예수의 본보기는 우리에게 유유상종의 관계를 맺도록 격려하지 않는다.

그리스도인의 포용적인 협동을 보여주는 실례들은 이미 앞 장에서 다룬 바 있다. 이런 본보기들은 일부 그리스도인이 비기독교적 영향에서 자신의 순수성을 지키는 일보다 이웃을 사랑하는 일을 더 중요시했다는 것을 보여준다. 포용적인 접근은 협동조합의 첫 번째 원칙을 위반하는 것이 아니며, 협동조합 운동에서 가장 고도로 발달한 모델들은 기독교적 가치관에 뿌리를 박고 있다.

기독교적 협동은 대체로 배타적인 특성을 견지하고 있지만 의논의 가능성은 여전히 존재한다. 협동조합들은 그 기능에 적실할 경우에 멤버로 받아들인다. 예컨대 농업 협동조합은 특정한 곡물을 수확하는 자들에게만 열려 있다. 신앙이란 것도 그 동기가 실제적인지, 복음적인지, 혹은 천년왕국과 관련이 있는지 여부에 따라 타당한 멤버십 요건이 될 수 있다.

실제적인 이유가 있을 경우에는 이 원칙을 약간 타협할 만한 근거가 생길 것이다. 예를 들면, 그린필드 팜즈와 오르가닉 밸리 간의 합작투자는 특정한 신앙 공동체의 멤버십이 다른 세속 협동조합에 의해 합법적인 멤버십 제한 사항으로 인정받은 경우이다. 그린필드가 명백한 종교적 제한 사항을 갖고 있음에도 불구하고, 오르가닉 밸리는 그 협동조합의 특성을 인정하고 그들을 동료 협동조합원들로 포용하기로 했다.[2]

주택 협동조합 역시 회원자격에 종교적인 제한 사항을 달고 싶어 할 수 있다. 만일 동거의 취지가 서로를 그리스도의 제자로 훈련시키는 데 있다면, 공동의 신앙은 멤버십의 필수 요건일 수 있다. 따라서 이 경우에는 신앙이 타당한 요건으로 변호될 수 있다. 어떤 그리스도인들은 예전의 행위로 '되돌아가는' 문제로 씨름하고 있어서 이런 공동체 안에서 책임 있는 삶을 살고 싶어 할 것이다. 이는 마치 알코올중독에서 벗어나려는 사람들이 자기와 비슷한 처지에 있는 자들과 함께 살고 싶어 하는 경우와 유사하다.

종교적 기준이 어떻게 작동하는지를 보여주는 또 다른 본보기는 조합원들이 다른 그리스도인의 의료비를 지불하도록 돕는 건강관리 협동조합인 메디쉐어이다. 이 협동조합은 신앙을 멤버십의 요건이라고 밝힌 뒤에 이렇게 진술하고 있다. "메디쉐어는 조합원들에게 건강과 웰빙에 관한 단순한 성경적 원리들에 따라 살도록 도전한다. 이렇게 하여 우리는 당신이 비성경적이고 불건전한 (그리고 값비싼) 생활 방식에 따른 비용을 부담하지 않게 하고, 조합원들의 공동 부담을 줄이려고 애쓰고 있다."[3]

약물 남용과 난잡한 성생활은 건강관리 비용을 증대할 수 있기 때문에 이런 사람들을 배제하는 일은 건강관리 협동조합의 합법적인 요건일 수 있다. 하지만 성경적 가르침을 좇아야 한다는 요건과 그런 가르침을 믿어야 한다는 요건은 서로 구별하는 것이 필요하다. 일부 비그리스도인은 금욕과 절제의 삶을 살고 있는 데 비해 모든 그리스도인이 이상적인 행위를 견지하는 것은 아니기 때문이다. 이런 면에서 메디쉐어는 행위가 아닌 신앙을 필요조건으로 삼고 있으므로 열린 멤버십의 원칙과 양립할 수 없는 것처럼 보이기

협동조합, 성경의 눈으로 보다

도 한다.

그리스도인들은 협동조합 운동이 더 수용하기 힘든, 다른 배제의 이유들도 갖고 있다. 예컨대 JPUSA는 그들의 존재를 강력한 복음전도의 도구로 본다. 그들은 사회적 회심을 보여주는 빛나는 본보기가 되고 싶어 한다. 이제는 신앙으로 인한 삶의 변화를 입으로 말하는 대신에 눈으로 보여줄 것이 생긴 셈이다. 이 자체는 좋은 것일지 모르지만 첫 번째 원칙과는 양립하기 어렵다.

천년왕국 수용 여부에 따른 배제는 협동조합 운동과 양립하기가 더 힘들다. 초기 아메리카의 유토피아들을 비롯한 많은 공동의 노력은 그리스도의 임박한 재림에 대비하여 다 함께 모이려는 열망에서 비롯했다. 협동조합 운동이 이런 제한된 정체성을 지닌 공동체들과 합류한다는 것은 가능성이 희박한 이야기다. 분리주의 공동체들은 종종 모든 불신자(흔히 비회원으로 규정되는)를 배척했기 때문에 이는 논란의 여지가 있다. 이런 경우에는 서로 협력하는 것을 기대하기가 어렵다.

배제의 이슈를 풀 수 있는 간단한 해법은 없다. 신앙에 기초한 포용적인 협동조합원들조차 세속적인 협동조합 운동보다는 배타적인 그리스도인 형제들과 더 강한 유대감을 느낀다. 문제를 더 복잡하게 만드는 것은 많은 기독교 집단들에 몸담은 개인들이 특정한 천년왕국설을 신봉할 수 있다는 사실이다. 그리스도인들은 협동조합 규정에 따라 모든 사람에게 멤버십을 열어놓거나 배타적인 형제와 자매들을 배격하지 않고, 오히려 협동조합과 비슷한 분리주의 운동을 만들어 서로 유익할 때마다 협동조합 운동과 교류하는 것을 선호할 수도 있다.

민주적인 회원 참여

우리가 해결해야 할 또 다른 이슈는 두 번째 원칙과 관련된 것이다. "대표로 선출되어 섬기는 남자들과 여자들은 멤버십에 대해 책임을 진다. 일차적인 협동조합의 회원들은 동일한 투표권(1인 1표)을 갖고, 다른 수준의 협동조합들 역시 민주적인 방식으로 조직되어 있다."

성경은 분명히 권력을 골고루 나누도록 격려하고 있지만, 이것이 협동조합의 1인 1표 모델과 비슷한지는 확실치 않다. 성경에 나오는 집단 의사 결정의 예들은 우리가 미국 정치에서 이해하는 소위 '민주적인' 방식으로 이뤄진 것이 아니다. 어떤 중요한 결정들은 일종의 포용적 절차를 거쳐 총회에서 이뤄졌지만, 오늘날 우리가 사용하는 투표 집계 방식으로 생각하면 곤란하다.

예루살렘 공의회의 경우, 할례에 관한 의사 결정을 만장일치의 정서가 없었음에도 만장일치로 결정했다(행 15:25). 이 사실은 여론 형성 방법이 의사 결정의 표준이었음을 보여주는데, 이는 충동적인 결정과 다수의 횡포를 피하도록 해준다. 그런데 경제적 결정을 위해 사용한 모임의 지침이나 의사록이 없기 때문에 우리에게 별로 도움이 안 된다. 그들이 밟았던 절차의 성격은 막연히 추측하는 수밖에 없다.

일부 협동조합들 역시 여론을 이용하여 결정을 내리고, 기독교

협동조합, 성경의 눈으로 보다

조직들이 회원들 간의 평등을 도모하는 방법을 사용하는 한, 여론 자체는 문제가 될 것 같지 않다. 이 원칙은 이미 유연하게 협동조합에 적용될 수 있고, 기독교 협동조합들이 평등의 지배 방식을 실행하고 있는 한, 성경적인 절차와 협동조합의 절차 사이에 어느 정도의 양립 가능성이 존재한다.

다른 한편, 에클레시아에서 지도자를 선택하는 일은 협동조합 리더들을 선택하는 방법과 달랐다. 최초의 집사들은 영적으로 탄탄했기 때문에 선발되었고, "우리가 이 일을 그들에게 맡기겠다"(행 6:3)는 선언과 함께 자기네 권한을 위임한 것은 사도들이었다는 사실을 기억해야 한다.

그리고 전형적인 세속 협동조합이 회의에서 기대하는 것과 성경이 제시하는 것 사이에 뚜렷한 차이점이 있다는 것도 알아야 한다. 후자의 경우는 기도와 예언이 의사 결정 과정에서 중요한 통합의 역할을 할 것으로 기대한다. 에클레시아는 현대의 협동조합 회의와 상당히 달랐다. 성경의 사례를 보면 포용의 목표도 달랐음이 눈에 띈다. 민주주의는 사람들의 뜻을 표출하려고 하는 데 비해, 에클레시아의 과정은 하나님의 뜻을 분별하는 일과 더 관계가 있다.

우리는 또한 성(性)의 역할을 유심히 고찰해야 한다. 대부분의 교회에서 여성들은 평신도 지도자로 환영받는데, 협동조합 프로젝트는 보통 우리가 생각하는 교회와는 다른 별개의 것이다. 바라건대 교회와 협동조합의 공통분모를 찾을 때 여성의 참여와 리더십이 이슈가 되지 않으면 좋겠다.

그런데 많은 그리스도인은 여성들이 남성의 지도에, 특히 남편이나 남자 목사의 지도에 굴복해야 한다고 믿는다. 가족 역시 매우 중요한데, 협동조합들 중에는 개인이 아니라 집안이 멤버십을 갖도록 하는 경우가 종종 있다. 협동조합의 활동은 가족들에게 상당한 경제적 영향을 미치기 때문에, 어떤 이들은 협동조합의 결정에 참여하는 것을 남편의 역할로 여길 수 있다. 이런 경우에는 여성이 변두리로 밀려날 것이다.

여성들은 신약성경에서 두드러진 역할을 담당했는데, 이는 예수의 여성 제자들에 대한 태도를 따른 현상이었다. 그분은 여성에게 말을 거는 일이나 여성들과 함께 여행하는 일을 금기시했던 전통을 무시했고, 마르다가 동생 마리아에게 예수의 가르침을 제쳐놓고 부엌일을 같이하자고 했을 때 예수는 배우는 일이 사회적인 기대보다 더 중요하다고 응답하였다(눅 10:38-42).

일부 성경 단락들은 남성을 여성보다 우위에 두는 듯이 보인다. 아내들은 남편에게 순종해야 한다고 말하는 에베소서 5장 21-24절과 같은 대목이다. 하지만 성적 위계질서의 뿌리를 보면 그것이 하나님께서 기뻐하는 뜻이 아님을 알게 된다.

길버트 빌레지키안은 「공동체」(Community 101, 두란노 역간)에서 성적 평등을 주장하는 입장을 제시한다. 그는 먼저, "하나님이 그들에게 이르시되, '생육하고 번성하여 땅에 충만하라. 땅을 정복하라. 바다의 물고기와 하늘의 새와 땅에 움직이는 모든 생물을 다스리라'"(창 1:28)라고 축복했을 때 아담과 하와에게 함께 일하라는 명령을 주신 것이라고 말한다. 말하자면, 아담과 하와는 재생산과 경제 발전의 일을 똑같이 공유하도록 되어 있었고, 하나님이 하와에게 아담이 그녀의 주인이 될 것이라고 선언하신 일은 에덴에서 쫓겨난 뒤였다(창 3:16). 그러므로 하나님의 선언은 우리가 보호해야 할 이상(理想)이 아니라 깨어진 관계를 묘사하는 것으로 봐야 한다. 그리스도인은 세계를 그 타락한 상태에서 구속하려고 애써야 하는 만큼 여기서도 구속을 위해 노력해야 마땅하다.

여성에 대한 제한을 지지하는 구절로 자주 인용되는 다른 단락들은 디모데와 디도에게 보낸 목회 서신에 나오는데, 이 편지들은 위기에 빠진 에클레시아의 문제를 다루기 위해 쓴 것이라고 빌레지키안은 지적한다. 이를 "치료용 모델"이라고 부르면서 그것은 극단적인 상황에서 사용되어야 한다고 말한다. 바울이 강력한 지도력을 행사하도록 처방한 경우는 하나같이 그 공동체가 심각한 문제에 빠져서 생존 자체가 위협받고 있던 상황이었다고 한다.[4]

목회 서신들은 비교적 강력한 리더십을 보여주지만, 이는 한시적인 처방이었음이 분명하다. 일단 위기가 지나가면 그 에클레시아가 다른 데서 볼 수 있는 좀 더 평등주의적인 규범으로 되돌아갈 것으로 바울이 기대했던 듯하다. 빌레지키안은 이렇게 말한다. "교회 질서를 위한 이런 처방들을 성경에서 끌어올려 마치 그것들이 신약성경에 나오는 사역 및 리더십의 유일한 모델인 양 절대시하여 그것들을, 병들었든 건강하든, 모든 교회에 적용하는 것은 그들을 모두 병들게 만드는 확실한 방법이다."[5]

어쨌든 바울이 이따금 여성에게 제약을 가하는 단락들은 여성들이 에클레시아 리더십에 동등하게 참여했음을 보여주는 여러 단락들과 비교 검토할 필요가 있다. 이런 리더십 역할이 슬쩍 언급된 것으로 보아 이것이 정상이고, 목회 서신들에 나오는 구체적인 가르침은 위기 상황에서 주어진 것으로 봐야 한다. 사실 모든 사람이 각각 자신의 은사를 사용하는 일은 아주 뻔해서 굳이 정당화할 필요가 없었다. 여성들이 감독이나 사도의 역할은 하지 않았을지라도 집사와 후견인과 조직자였던 것은 확실한데, 이는 협동 작업에 적실한 그런 유형의 리더십이다.[6]

여성과 남성의 상대적인 평등은 오랜 세월 계속 이어졌고, 로라 스완은 「잊혀진 사막의 교모들」(Forgotten Desert Mothers)에서 초기 교회의 여성 리더십을 잘 개관하고 있다. 여자 집사는 매우 흔한 편이었다고 하면서, 리더십의 위치에 있었던 많은 여성들을 본보기로 들고 있는데, 그중에는 4세기의 유명한 하기아 소피아 교회(콘스탄티노플 소재)의 여집사였던 올림피아스도 포함되어 있다.[7]

어떤 이들은 여성에 대한 권한 부여를 성경의 가르침에서의 위험한 탈선이라고 믿지만, 실은 여성들이 아주 초창기부터 권한을 행사해 왔다. 그럼에도 불구하고 많은 교단에서 아직까지 여성들을 남성에게 종속된 존재로 여기고 있고, 이는 쉽게 극복할 수 없는 걸림돌이 되고 있다.

협동조합 운동은 일반 사회에서 볼 수 있는 것과 같은 성차별 문제로 고심하고 있으며, 지도부는 대부분 남성들이 차지하고 있다. 이것은 우리 사회의 단면이다. 그래서 평등에서 한 걸음만 물러나도(예컨대 남성우월주의를 공공연하게 표명하는 기독교 집단과의 협력) 큰 반발이 일어날 가능성이 많다. 이는 민주주의 원칙과 일관성이 있다.

자율성과 독립성

네 번째 원칙은 협동조합은 "조합원들이 통제하는 자율적이고 자립적인 조직"[8]이라는 것이다. 기독교적인 협동의 개념은 교회의 지도를 받고 하나님의 통제를 받는 조직에 더 가까울 것이다.

하여튼 성경에는 자율적인 경제 단체가 나오지 않는다. 기독교적 협동을 보여주는 일부 현대적인 본보기들은 성경적인 통합 패턴을 공유하기 때문에 어디까지가 교회이고 어디서 협동조합이 시작되는지를 밝히기가 항상 어렵다. 예를 들어 JPUSA의 경우 공동체와 일터와 사역을 명확히 구분하는 선이 없다. 기업들은 JPUSA의 거주 회원들을 부양하는 데 필요한 자원을 창출하고, 기업이든 거주민이든 교회와 구별되지 않는다. 이 점은 초기 교회의 통합성과 맥을 같이하지만 협동조합 운동과 통합되는 데는 걸림돌이 된다.

예수그리스도 후기성도교회(모르몬교)는 사업과 교회 생활을 통합시킨 또 다른 예다. 이 종교는 일반적인 기독교와 다른 것으로 취급되지만 신앙적인 협동의 논의에 적실한 공통분모를 갖고 있다. 모르몬교도들은 신앙에 기초한, 공동체 소유 기업들 가운데 미국 최대 규모의 본보기를 제공하는 만큼 기독교와 신학적 차이가 있음에도 이 통합 모델은 충분히 고려할 만하다. 이런 기업체들은 구세군과 빈센트 폴 센터(Saint Vincent De Paul Center)와 같은 기독교 기관을 포함하여 다양한 자선단체에 기금을 제공하는 재단에 기부하고 있다.

시온상거래협회 'ZCMI'(Zion's Co-operative Mercantile

Institution)는 교회 기업으로서 협동조합의 일부로 출범했다가 열두 개도 넘는 대형 백화점 체인으로 발전했다. 이는 유타를 비롯한 여러 지역에서 한 세기도 넘게 존속되어 온 집안 이름이다. ZCMI는 일차적으로 조합원들의 소유가 아니므로 진정한 협동조합은 아니었다. 하지만 영리 회사인 데저레트 매지니먼트사의 감독을 받는, 어느 의미에서 공동체가 소유한 것이었다.[9]

모르몬교도들은 특히 농업과 방송을 중심으로 이와 비슷한 제도를 가진 유사협동조합 기업들을 아직도 여럿 소유하고 있다. 이들은 각각 별개의 기업들로서, 교회와 관련된 독립회사인 데저레트 매니지먼트사의 감독을 종종 받는다. 이런 기업들의 경영진과 이사들이 그 교회의 교인이어야 할 필요는 없지만 교회의 가치관과 일관된 방식으로 기업을 운영하도록 되어 있다. 모르몬교 기업들과 협동조합의 또 다른 차별성은 이윤이 조합원들에게 돌아가지 않고 교회 직원들의 급여로 사용된다는 점이다.[10]

모르몬교도들은 기업의 발전을 위해 노력한 정도가 유별나지만 다른 많은 교회들도 상당한 자산과 상업적 기업들을 보유하고 있다. 교회들이 그런 다른 사역들을 위한 재정 확보에 관심이 있는 경우에는 좀 더 독립적인 혹은 초교파적인 기독교 협동조합의 경쟁을 달가워하지 않을 것이다. 경제력과 그에 따른 특권에 익숙해진 오늘날의 일부 기독교 지도자들은 그런 것을 포기하려 하지 않을 것이다. 사도들은 경제적인 업무를 그들의 진정한 사역의 방해거리로 보았는데, 사실 그들은 우리보다 훨씬 참신한 예수상(像)을 갖고 있었다고 할 수 있다.

단일한 조직을 갖는 것이 성경적인 모델인데, 이는 경우에 따라 가능할 것이다. 그러나 많은 회중들은 교회와 상업 활동을 통합할 준비가 되어 있지 않다. 교회들은 종종 확고한 권력구조를 갖고 있기 때문에 많은 경우에는 교회 내에 진정한 평등을 수립하기가 아주 힘들 것이다. 목사를 비롯한 여러 지도자들이 의식적으로나 무의식적으로 큰 영향력을 발휘할 것이기 때문이다. 설사 교회 리더십이 재정적인 권한을 내놓는 경우라 할지라도, 거기에는 진정한 평등관계의 발전을 방해하는 뿌리 깊은 습관이 여전히 있을 것이다.

신약의 목회 서신들은 강력한 중앙집권적 리더십을 요구하는 위기와 관련 있는데, 그리스도인들 사이에 좀 더 참여적인 문화를 회복하려면 리더십이 다각화될 필요가 있다. 기독교 협동조합원들은 빌레지키안의 치료용 모델 개념 등에서 도움을 받을 수 있고, 비록 최종 목표는 아니지만 자율적인 협동조합 단체들과 함께 시작해도 좋다. 그들은 이런 새로운 구조가 충분히 성숙하게 강화되어 새로운 에클레시아로서의 정체성을 유지할 수 있는 날을 바라볼 수 있다.

다른 경우에는 자율적이 되는 것을 최종 목표로 삼을 수 있는데, 이 두 가지 접근은 모두 나름대로 가치가 있다.

교회 내에서 일할 때 수반되는 또 다른 문제는 비현실적인 기대감이다. 많은 교회는 합법적이고 심각한 교리적인 문제로 분열되어 왔다. 그러나 전형적인 교회에서 생기는 어려움은 모든 것을 공유하는 공동체가 직면하는 문제에 비하면 아무것도 아니다.

최초의 신자들은 하나를 이루었지만 우리는 현재 분열과 분립의 역사를 갖고 있다. 그리스도인들은 대체로 우리가 다시 하나가 될 수 있다는 믿음이 없다. 교회 내에서 일하다 보면 신학적 이슈들이 줄곧 생각나서 일종의 완벽주의에 빠지기 쉽다. 교회 내의 협동 작업은 교회가 해야 할 일과 해서는 안 될 일에 대한 상충된 견해에 발목이 잡히곤 한다. 우리에게 당장 필요한 것은 이상형에 한 발자국 다가가는 다음 단계를 바라보는 관대한 접근이다. 독립적인 협동조합들은 에큐메니컬한 상태를 그대로 유지하면서 일반적인 합의에 기초하여 세워질 수 있다. 그저 올바른 방향으로 움직이는 것으로 충분하다.

앞으로 긍정적인 방향으로 일할 기회가 많다. 개별적인 노력이 협동조합으로 인정을 받는가 혹은 기존의 협동조합 운동의 일부가 되는가 하는 것은 크게 중요하지 않다. 성경적인 협동과 협동조합 운동은 상호보완적인 특징을 많이 갖고 있다. 물론 차이점도 있지만 대부분의 경우에 서로 조화될 수 있는 것이다. 에클레시아와 협동조합은 어느 정도 양립이 가능하기에 나의 논의가 앞으로 대화의 물꼬를 터주기를 바랄 뿐이다.

협동조합, 성경의 눈으로 보다

9

거듭난 경제
현대 세계에서의 협동의 역할

지구상의 누구도 하나님과 연락할 유일한 직통전화를 갖고 있지 않고, 남에게 하나님의 뜻을 알려줄 특권이 없다. 그렇기 때문에 선한 믿음의 사람들에게는 공동의 신앙에 기초하여 시스템을 세울 수 있는 방법이 필요하다. 교단 간의 분열로 나뉜 그리스도인들이 다른 그리스도인들과 잘 지내기 위해, 그리고 믿지 않는 이웃들과 다리를 놓기 위해서라도 협동이 필요하다. 협동조합 경제는 바로 이런 일을 할 기회를 마련한다.

우리는 협동조합에 대한 서로 다른 접근들이 동일한 목표를 향해 협력하면서도 일종의 경쟁을 하도록 유도할 수 있다. (이는 마치 많은 교회들이 주일 예배 출석을 놓고 경쟁하는 것과 같다.) 협동조합의 환경에서 다양한 자율적인 시스템들이 조합원들의 선택에 따라 서로 연결망을 구축할 수 있다. 이 시스템들은—현재 기업들과 교회들이 행하는 것과 같이—참여자들과 여러 자원을 놓고 경쟁할 테지만 '단 한 명의 승자'라는 개념은 제거되거나 약화될 수 있다. 일단 어느 한 시스템이 다른 시스템들에게 무언가를 강요하지 않는다는 신뢰를 구축하기만 하면 상호 간의 대화와 긍정적인 교류가 가능할 것이다.

많은 신앙적인 협동조합들이 에큐메니컬 운동에 가입한 것은 신학적인 차이를 제쳐놓고 더 고상한 목표, 곧 공동체 건설을 추구할 수 있음을 보여주는 고무적인 현상이다. 우리 가운데는 언제나 차이점에 초점을 맞춘 채 다른 믿음을 가진 이들과 어울리지 않으려는 사람들이 있기 마련이다. 이런 사람들은 얼마든지 자기네끼리 협동조합을 조직해도 좋다. 이와 다른 사람들은 협동조합을 최대한 많은 이웃을 사랑하는 통로로 사용할 수 있을 것이다.

이런 협동조합 간의 경쟁은 복음주의자가 아닌 사람들에게 복음을 전하는 수단이 될 수 있다. 이런 다양한 시스템들은 세상을 향해 그들이 얼마나 우월한지를 말하지 않고, 그들의 믿음을 실천하여 자신의 우월성을 증언할 수 있는 기회와 의무를 갖게 될 것이다. 만일 어느 시스템이 하나님의 뜻에 더 부합하다면, 그것은 내적인 조화와 안정, 낮은 이탈 비율, 타인의 착취에 근거하지 않은 전반적인 번영 등을 가져올 것이다.

막연히 하나님의 나라를 기다리는 대신에—이제까지 가시적인 진보를 가져오는 데 실패한 접근이다—그 나라를 구체적으로 건설하려고 경쟁하게 되리라. 그리하면 우리는 예수의 선포, 곧 "또 여기 있다, 저기 있다고도 못하리니, 하나님의 나라는 너희 안에 있느니라"(눅 17:21)라는 말씀을 새롭게 조명할 수 있을 것이다.

땅 위에 하늘을 건설하라

사람들은 대부분 어떤 구체적인 협동조합 프로젝트가 공동체에 무슨 유익을 줄지는 쉽게 파악할 수 있어도, 우리 사회와 경제의 구조 자체를 바꾸는 문제에 이르면 그것이 어떻게 가능할지 의아해한다. 분권화된 평등주의 경제 시스템을 만든다는 것은 과연 어떤 것일까? 한 걸음 더 나아가서, 어떻게 하면 우리가 서로 다른 가치관에 기초한 여러 시스템을 만들되 서로 의견을 달리 할지라도 이웃을 사랑할 수 있을까? 이것은 현실성 없는 순진한 꿈일 뿐인가?

아니다. 한갓 꿈이기는커녕 이미 세계 곳곳에서 작동하고 있다. 이제 기독교적 협동이 창조한 좀 더 크고 복잡한 본보기들로 되돌아가자.

몬드라곤 협동조합 시스템은 파시스트 독재 아래 고립되어 있던 스페인의 열악한 구석에서 한 사제의 사역으로 출발했다는 사실을 기억하라. 바스크인들은 충분히 희망을 잃을 만한 상황이었는데도 그 상황을 개선하려고 같이 일했다. 반세기 만에 그들의 협동조합은 건강관리, 사회보장, 교육 등과 같은 정부의 일이라고 여기던 많은 기능들을 사실상 접수했다. 바스크 지역은 지금도 이따금 테러 공격을 감행하는 완강한 분리주의 운동이 남아 있지만, 몬드라곤 조합원은 경제적 독립을 향한 평화로운 길을 선택했다. 그들은 자유시장 내에서 새로운 경제 시스템을 창조했고, 이는 본인들이 소유한 부동산 이외의 영토는 일체 통제하지 않는다. 그 어떤 영토도 정복된 적이 없고, 어떤 땅이나 자산도 강제로 집단농장에 편입된 적이 없으며, 아무도 그 이름으로 살해되거나 체포된 적이 없다. 몬드라곤은 자발적으로 거기에 가입한 사람들의 수고로 성장한 협동조합이다.

협동조합의 장래는 이탈리아에서도 얼핏 내다볼 수 있다. 이탈리아는 동맹을 맺었으나 독립된 다수의 협동조합들로 구성된 연맹들이 태어난 고향이기 때문이다. 각 협동조합과 각 연맹은 세속주의자나 가톨릭교도, 보수주의자나 사회주의자 등 뜻을 같이하는 자들의 공통된 열망을 바탕으로 성장했다. 각 연맹은 특정한 지역에서 강세를 보이지만 어느 것도 배타적인 영토는 갖고 있지 않다.

바스크의 본보기와 이탈리아의 모델을 나란히 놓으면 협동조합의 잠재력을 볼 수 있다. 몬드라곤은 협동조합이 어느 정도로 경제를 변화시킬 수 있는지를 잘 보여준다. 즉 어려운 시기에 공동체를 강화하기 위해 나눔과 정의라는 기독교 가치들을 사용하여 사람들을 돕는 훌륭한 실례이다. 이탈리아의 협동조합 연맹은 복수의 시스템들이 국내 경제 내에서 공존할 수 있음을 보여준다. 사람들은 자신의 가치관을 공유하는 이들에게 끌리지만, 세세한 모든 부분에 서로 동의하지 않는 이들이라도 여전히 공존이 가능하다.

우리는 서로 의견이 다르다는 것에 동의하고 우리가 그릇되었다고 믿는 행습을 관용해야 한다. 이것이 우리가 우리 뜻을 관철하려고 할 때 유념해야 할 삶의 현실이다. 협동조합은 논쟁거리가 아주

협동조합, 성경의 눈으로 보다

많은 정부의 기능들을 대체할 만한 잠재력을 갖고 있다. 각 시스템이 제각기 별도로 작동할 수 있기에 적어도 이중적인 부담, 곧 우리의 세금으로 못마땅한 행습을 후원하면서도 그것을 금지하려고 고심하는 부담에서 벗어날 수 있기 때문이다. 논란이 많은 이런 기능들은 사적 부문의 자발적 성격과 공적 부문의 민주적 통제를 겸비한 협동조합에 위탁될 수 있다. 논쟁의 각 편에 있는 사람들은 상대편을 무너뜨리려고 애쓰는 대신 다 함께 설 수 있다.

우리는 하나님을 믿는다

오늘날 미국 문화 속에 다양한 가치관이 공존하고 있다는 것은 무시할 수 없는 현실이다. 하지만 서로 의견이 일치하는 사안들도 있다.

한 가지 합의 사항은 미국인 대다수는 우리의 견해를 남에게 강요하길 원치 않는다는 점이다. 우리는 우리가 옳다고 모든 사람을 설득하고 싶어 하지만, 설사 실패하더라도 노골적으로 힘을 사용할 생각은 별로 없다. 우리는 가치관을 달리하는 사람들에게 우리의 가치관에 기초한 행위를 강요할 때 따르는 책임이나 갈등을 떠안고 싶어 하지 않는다. 미국 문화의 한 특징은 "나도 살고 너도 살자"는 원칙이다. 자유의지는 기독교의 주요 교리이기도 하다.

이 원칙을 실천하는 일은 또 다른 문제다. 이 나라의 정치는 서로 경쟁하는 집단들이 모든 사람을 국가라는 배에 태우고 어디로 데려갈지에 대해 서로 다른 생각을 품은 채 그 배를 조종하려고 씨름하는 과정이다. 구체적인 사안에 관한 한 우리는 우리의 가치관을 강요하려 들고, 어떤 이슈들에 대한 논쟁은 지나치게 감정이 개입되어 타협의 여지가 없다.

우리가 이 일반 원칙을 신중하게 고찰하면 다른 그림이 나타난다. 물론 어떤 행동이 나빠서 그것을 없애면 좋을지도 모른다. 그러나 힘을 신앙 위에 두는 행위는 하나님이 타인에게 주신 자유의지를 예수가 배척한 그 힘으로 억누르려는 것인즉, 그 자체가 죄스러운 것이다. 가장 전체주의적인 신정정치조차 장기간 도덕을 강요하려는 시도에서 완전히 실패했다. 이런 노력에 더 많은 에너지를 투입하면 할수록 이와 다른 면에서의 정부의 생산적인 활용은 그만큼 줄어들고, 분열은 더욱 심해질 것이다.

문제는 우리가 다른 대안을 보지 못한다는 점이다. 정부는 하나뿐이고, 우리가 원하는 길로 가든지(좋은 정부다!) 그들이 원하는 길로 가는(나쁜 정부다!) 수밖에 없다고 생각한다. 우리는 "강요하든지 강요받든지" 해야 한다는 잘못된 양자택일을 피해야 한다. 이를 피할 수 있다면 서로 합의에 이르는 생산적인 해결책에 초점을 맞출 수 있다. 합의에 이르지 못하면 하나님이 일하시도록 허용하라.

신앙은 어느 정도 손을 놓을 것을 요구한다. 만일 우리가 하나님이 모든 것을 주관하신다고 정말로 믿는다면, 우리의 도움이 필요 없는 누군가의 하나님과의 갈등에 우리가 억지로 개입하려 들지 않을 것이다. 하나님은 아주 다양한 방법으로 행악자들이 자기 행위가 잘못되었음을 알게 하신다. 그들보다 더 잘 안다고 믿는 사람들의 몫은 그들의 행위에 따른 결과에 간섭하는 것이 아니라 더 나은 본보기를 보여주는 일이다.

강압적인 도덕은 사람을 탈진시키고 고갈시킨다는 것이 이미 증명되었고, 많은 경우에 우리의 가치관에 따라 행동하도록 타인을 강요하는 일은 득보다 실이 많다. 협동조합의 경쟁은 우리의 초점을 결정의 내용이 아닌 결정의 과정에 맞추도록 도울 수 있다. 따라서 어떤 결정이 긍정적이고 협력적인 방식으로, 예전보다 더 정의롭게 내려지면 모두가 기뻐할 수 있는 것이다.

협동조합 간의 경쟁을 어떻게 펼칠 수 있는지를 보여주는 하나의 본보기는 건강관리와 관련된 것이다. 우리는 가족을 어떻게 정의할지, 혹은 어떤 상황에서 어떤 건강관리 서비스를 제공해야 할지에 대해 국민적 합의에 도달할 가능성이 별로 없다. 의견 분열이 너무도 심해서 이견을 수렴하려고 노력하는 것이 헛수고일 공산이 크다. 그 대신 우리는 어느 한편에 있는 기존의 합의 위에 무언가를 쌓으려고 노력해야 마땅하다.

메디쉐어와 CHM은 이미 성경적 생활 방식만 후원하는 프로그램들을 제공하는 데 비해, '그룹 헬스'(Group Health)나 '이타카 건강 연맹'(Ithaca Health Alliance) 같은 세속적인 협동조합은 그런 제한을 두지 않는다. 각 경우에 이런 모델들은 다른 지역에서도 뜻을 같이하는 사람들이 확대 재생산할 수 있는 것이다. 이들은 다른 협동조합들과 동맹을 맺어서 규모의 경제를 이룰 수 있다. 그리하여 현재의 이윤추구형 의료 시스템을 결국에는 새로운 종류의 건강보험 보장, 곧 훨씬 큰 협동조합 시스템의 일부인 의료 시설이 제공하는 것으로 대체할 수 있을 것이다. 이 각각은 그 조합원들의 필요와 바람에 근거를 두게 될 것이다. 그리고 영리를 추구하는 회사로부터 보험사를 사는 것도 가능하다.

현행 보험 제도가 실패라는 사실은 날이 갈수록 분명해지고 있고, 어떤 해결책이 적절한지에 대한 합의가 없을 때에는 정부의 해결안에 의지할 수 없는 법이다. 우리는 무엇이 민간 보험을 대체해야 할지에 대한 합의에 이를 수는 없어도, 여러 집단이 그 문제를 다루는 법에 대해 공감대만 형성한다면 사람들의 필요를 채우는 일에 훨씬 다가가게 될 것이다.

화평하게 하는 자는 복이 있다

협동조합은 종교 간의 화해에도 열쇠를 제공한다. 2007년 가을, 100여 명의 무슬림 지도자들이 전 세계의 그리스도인들에게 "우리와 여러분 사이에 있는 공동의 말씀"[1]이라는 공개편지를 썼다. 즉시 답변이 작성되어 미국 복음주의 협의회 의장을 비롯한 기독교 지도자 수백 명이 서명을 했다. 두 편지 모두 기독교와 이슬람은 서로 다른 종교이지만 두 가지 큰 계명—하나님을 사랑하는 것과 우리의 이웃을 사랑하는 것—을 공유한다는 점에 동의했다. 아울러 우리가 이웃 사랑과 관련해 해야 할 일이 있고, 그에 따른 위험부담이 크다는 점에도 의견을 같이했다.

기독교 측의 답변은 이런 결론을 내리고 있다. "우리의 다음 단계는 모든 수준에 걸쳐 우리 지도자들이 다 함께 만나서 어떻게 하면 하나님의 뜻에 따라 하나님을 사랑하고 서로를 사랑할 수 있는지를 진지하게 논의하는 일입니다. 우리는 겸손한 자세로 희망을 품고 여러분의 관대한 편지를 받았으며, 여러분이 적절하게 제시한 목적을 위해 마음과 영혼과 뜻과 힘을 다해 함께 노력하기로 헌신하는 바입니다."[2]

이 모든 것이 어떻게 귀결될지는 하나님만 아시지만, 우리는 이슬람 역시 강한 협동조합 전통을 갖고 있다는 사실을 주목해야 한다. 무슬림은 혁신적인 주택 협동조합뿐 아니라 세계 최대 규모의 상호보험회사들과 무이자 재정 시스템을 창설했다.[3] 우리는 또한 2장에서 묘사한 구약성경의 가르침들이 유대교 전통에도 속한다는 사실을 기억할 필요가 있다. 그뿐만 아니라 유대교는 키부츠로 널리 알려진 공동 농장들과 이보다는 덜 유명하지만 좀 더 자유로운 집단 마을인 모샤브, 그리고 여러 다양한 협동조합들을 이미 세상에 선보인 바 있다.

각 종교는 다른 종교와 양립할 수 없는 기존의 예배 형식을 갖고 있으므로 구체적인 상호협력에는 한계가 있다. 하지만 협동조합 기업들을 중심으로 하는 공통분모는 이미 존재한다. 우리는 하나님이 왜 우리가 협동하기를 원하시는지 그 정확한 이유에 대해선 동의하지 않을지 몰라도, 이것이 우리의 이웃을 사랑하라는 하나님의 계명의 본질임을 알고 있다. 우리는 이 협동하라는 가르침을 우리의 다원적인 문명의 유익을 위해, 이웃 사랑을 구체적으로 표현하는 통로로 활용하는 것이 좋겠다.

이는 단순한 공론이 아니다. 적어도 한 개의 본보기가 이미 존재하고 있다. '미렘베 카우메라'(Mirembe Kawomera)는 아브라함을 믿음의 조상으로 삼는 세 개의 종교에 속한 수백 가족이 함께하는 우간다의 커피 재배자 협동조합이다. 각 종교의 대표자들이 협동조합의 이사회를 구성한다. 자본 부족으로 생산량은 많지 않지만, 그들은 이미 커피 생산 이상의 것을 성취했다. 종교 간의 대화와 평화에 헌신한 이들의 웹사이트는 이렇게 선언하고 있다. "종교와 부족 간의 분열로 얼룩진 우간다의 역사는 존경과 다양성을 강조하는 이 협동조합에 의해 지나간 과거가 되었다."[4]

좀 더 가까이 눈을 돌리면, 신시내티에 본부를 둔 '인터페이스 비즈니스 빌더즈'(Interfaith Business Builders)가 있다. 회원들은 협동조합 창설을 통해 건강한 공동체를 건설하려는 종교 기관들이다. 이들은 여러 종교에 속한 사람들을 함께 묶어서 신뢰의 관계를 구축하려고 한다. 이들의 목표 중에는 일자리 창출과 공동체 내의 관계 수립이 포함되어 있다. 이 사업은 사람들에게 비즈니스와 민주적인 조직을 세우는 기술을 제공한다.[5]

혹자는 오늘날의 사회에서 뒤로 물러나 다른 신자들과만 일하는 것이 좋다는 입장을 펼 수도 있다. 하지만 선과 악이 어떻게 함께 하겠느냐는 바울의 수사적 질문(고후 6:14)은 그런 배타적인 접근을 지지해 주는 단 하나의 성경 구절일 뿐이다.

그렇지만 세상이 갈가리 찢기고 있는 판에 우리끼리 유유상종하는 것을 어떻게 정당화할 수 있을까? 평화를 사랑하고 하나님을 경외하는 사람들이 우리와 다른 방식으로 그 일을 한다고 해서 어떻게 악한 자로 매도할 수 있을까? 예수가 사마리아 마을에서 보낸 시간을 보면, 그들이 다른 종교적 믿음을 갖고 있다는 이유로—

혹은 종교적 믿음이 없다는 이유로—우리의 이웃인 그들에게 등을 돌리는 것은 결코 바람직하지 않다. 과연 누가 더 악한 것일까? 교회에 정기적으로 다니지만 평일에는 직원들을 억압하는 사람일까, 그리스도인으로 자처하진 않지만 가난한 자들을 헌신적으로 섬기는 종일까?

기본으로 돌아가서

....

예수는 "건강한 나무는 좋은 열매를 맺고 건강치 못한 나무는 나쁜 열매를 맺는다"(마 7:17, NLT)고 말씀했다. 이로부터 우리의 현행 질서는 건강하지 못하다는 결론을 내릴 수 있다. 우리의 현 시스템이 낳은 전쟁과 굶주림과 가난은 나쁜 열매임이 확실하고, 타인을 희생시키면서 우리 중의 일부가 누리는 어마어마한 부, 혹은 그런 부가 부추기는 탐욕과 질투를 어떻게 성경적으로 정당화할 수 있을지 모르겠다.

테크놀로지는 범세계적으로 작업량을 줄여주고 삶의 질을 개선했지만, 테크놀로지를 좌우하는 엘리트층은 이윤의 이름으로 극적인 분열, 소외, 두려움, 부정직, 가난, 고통, 전쟁, 질병을 낳는 식으로 그것을 이용했다. 약물 남용이 대응기제로 만연되어 있고, 공동체가 우리 주변에서 와해되는 중이다. 우리의 값비싼 장난감들과 소비가 기분전환용은 될 수 있으나 이 침침한 그림을 바꿀 수는 없다.

동시에 풍부한 협동조합 모델들—이 책에 인용된 본보기들은 단편에 불과하다—은 또 다른 세계가 이미 도래하고 있다는 증거이다. 우리는 양손을 든 채 가난과 전쟁으로 얼룩진 현실을 어쩔 수 없다고 선언할 만한 이유가 없다. 이는 우리가 책망해야 마땅한 거짓말이다. 지금은 행동이 필요한 시대다. 예수는 "너희가 서로 사랑하면 이로써 모든 사람이 너희가 내 제자인 줄 알리라"(요 13:35)라고 말씀했다!

굳이 그리스도인이 아니라도 위기가 다가오고 있음을 감지할 수 있지만, 요한계시록을 문자적으로 해석하는 이들은 세계에서의 미국의 위치와 몰락한 바빌로니아의 유사성을 주목해야 한다. "그 음행의 진노의 포도주로 말미암아 만국이 무너졌으며, 또 땅의 왕들이 그와 더불어 음행하였으며, 땅의 상인들도 그 사치의 세력으로 치부하였도다"(계 18:3).

미국의 부는 원주민의 몰살에서 식민지 시대와 현대의 불공정한 무역에 이르는 수 세기에 걸친 불의의 열매인 만큼 모종의 속죄가 필요하다. 이는 물론 공정한 무역관계와 가난한 나라에 대한 기술 원조의 형태를 띨 수 있지만, 자원이 희소한 만큼 궁극적으로는 부족한 대로 사는 법을 배워야 할 것이다.

정의로운 화해는 결코 만만한 일이 아닐 터이고 우리에게 온갖 위기를 초래할 것이다. 진정한 정의는 두려운 것이며, 하나님이 그것이 쉬울 것이라고 말씀하신 적이 없다. 협동조합이 격려하는 나눔은 적어도 소비 감소에 따른 괴로움을 덜어줄 것이다. 이런 도움은 지역적인 식량 유통에서부터 별로 사용하지 않지만 값이 비싼 가정용품을 나누는 협동조합에 이르는 모든 것을 통해 올 수 있다.

비극적인 사실은 사람들이 대부분 우리의 현행 시스템에 대한 대안을 보지 못한다는 것이다. 낙담은 우리의 최대 적이고, 이 책에서 개관한 것들과 같은 긍정적인 모델들이 우리에게 영감과 희망을 줄 필요가 있다. 협동조합은 어느 한편이 결국 싸움을 이겨서 그 의지를 상대편에게 강요하지 않고도 분열을 극복할 수 있음을 보여준다. 하나님은 우리를 다르게 만드셨고, 이러한 차이점은 우리가 공동생활을 할 때 안고갈 현실이다. 우리는 모든 사람이 조만간에 합의에 이를 것으로 기대할 수 없으므로 그런 차이점을 안고 일해야 한다.

협동조합은 초기 신자들의 공동체주의에 비하면 엉성한 모조품에 불과하다. 협동조합은 예수가 전복하려고 했던 희소성의 원칙들을 사용하는 등 여전히 우리를 지배하는 경쟁 시스템 내에서 작동하고 있다. 내부적으로는 서로 협력할지 몰라도 나머지 세계와는 어느 정도 경쟁하는 중이고 때로는 서로 경쟁관계에 돌입하기도 한다.

그럼에도 협동조합은 올바른 방향으로 나아가는 단계를 제공한다. 우리가 다 함께 지낼 수 있는 더 나은 방법을 향한 걸음마를 가르쳐 준다. 이 조합들은 하나님이 요구하시는 자유와 평등과 정의의 새 질서를 위한 시험장이자 건축용 블록들이다. 이런 집단적 회심의 최종 결과는 오직 하나님만 아시지만, 우리도 용기 있는 실험들을 통해 그 윤곽은 알 수 있다. 바로 JPUSA, 몬드라곤, 디바인 초콜릿, 오이코크레디트, 그리고 신용조합들과 홈스쿨링 협동조합들, 온갖 모양과 규모를 지닌 의도적 공동체 등이다.

협동조합은 또한 공동체의 와해를 늦추거나 역전시킬 수 있다. 그리스도인들은 대부분 일요일 아침에 듣는 경제와 조직에 관한 교훈과 월요일 아침에 직면하는 냉혹한 경쟁의 세계 사이에 큰 간극을 느낀다. 다른 평일들도 마찬가지이고, 주중에 예배를 드린다 해도 우리를 갈라놓고 서로의 물건을 탐내게 하는 시스템에 시달리는 우리의 현실을 바꾸지는 못할 것이다.

굶주리고 있는 사람과 눈을 부릅뜬 채 자기 음식을 지켜야 하는 사람 사이에는 참된 사랑이 있을 수 없다. 우리는 내 이웃이 내 물건을 앗아갈 것이라는 두려움에 기반을 둔 시스템에 참여하면서 사랑을 설파하는 대신에 이 간격을 메울 길을 찾아야 한다. 협동조합은 적어도 두려움의 행습을 저지하고 우리에게 어느 수준에서 동역할 수 있는 기회를 제공하며, 변화를 위한 구체적인 참사랑을 경험하게 해준다.

다시, 다시 시도하라

새뮤얼 헉스포드는 사도행전에 나오는 아나니아와 삽비라의 죽음을 아담과 하와의 타락에 비유했다. 예수는 인류를 회복시키려고 왔으며, 굶주린 형제들과 자매들이 있는데 부를 축적하는 일은 분명 그의 사명과 양립할 수 없는 것이었다. 부자 청년에게 그의 소유를 나눠주라고 한 예수의 요구(마 10:17-30)는 어쩌다 들어맞은 요행수가 아니라 공동체의 기본이었다.

헉스포드는 다음과 같이 지적한다. "아나니아와 삽비라가 엄벌을 받았다는 것과 [사도행전의 저자인] 누가가 다시는 거기에 궁핍한 사람이 없었다거나 사람들이 모든 재산을 팔았다는 언급을 하지 않는다는 사실을 합치면, 그들의 이야기는 우리가 처음 생각했던 것보다 더 큰 사건이라고 생각하는 편이 합리적인 듯하다."[6]

사실 이것은 가난이 없는 공동체와—불과 한 장 뒤에 나오는—또 다른 이야기, 곧 사람들이 공동 식사에서의 몫을 놓고 서로 싸우는 이야기(행 6:1) 사이에 나오는 주요 전환점이었다. 그 찬란했던 짧은 시간 동안 신자들은 타락한 옛 존재방식에서 벗어나서 가난을 없앴던 것이다! 이 놀라운 성취가 아나니아와 삽비라의 위선에 의해 퇴색된 것은 실로 불행하기 짝이 없는 비극이었다.

사도행전에 나오는 그 과감한 실험은 오래 지속되지 않았다. 하지만 다른 많은 협동의 노력이 성공했다는 사실은, 이 실패가 피할 수도 있었던 환경 때문이었다는 점과 공동 산업은 더욱 지속가능한 풍성함을 가져올 수도 있었다는 점을 시사한다.

첫째, 변화가 너무 갑자기 일어났다. 그래서 참여자들은 평등과 자발적 나눔에 수반되는 자유와 책임에 적응할 만한 기회가 없었다. 급성장에다 언어의 문제와 핍박까지 더해보라. 그러면 지속가능한 새로운 사회질서를 개발하기가 무척 어려운 환경이 조성된다.

협동조합은 옛것과 새것의 백미, 그리고 새로운 세계로의 질서 정연한 변화를 가져온다. 우리가 굳이 현 정부와 경제를 전복시키며 그에 따른 고통을 겪기보다는 우리의 필요를 더 잘 채워주는 새로운 시스템을 만들기 시작할 수 있다. 협동조합은 우리의 경제질서 전체를 버리지 않고도 경쟁과 이윤을 상업의 일차적 동기로 여기는 행습을 제거할 수 있다.

협동적인 접근의 장점은 우리가 출발하기 전에 어디까지 갈 것인지를 결정할 필요가 없다는 점이다. 협동이 제공하는 전환과 시험이 매우 중요한 것은, 부의 공유로의 점진적인 변화가 갑작스러운 곤경보다 더 지속가능하다는 것을 보여주었기 때문이다. 혁명 이후의 러시아와 중국에서 눈에 띄는 격심한 빈부 격차가 이 점을 뚜렷이 보여준다.

사도행전에서 볼 수 있는 두 번째 문제는 부는 공유했으나 집단적으로 부를 창출할 수 있는 수단이 없었다는 점이다. 그들의 수입은 대부분 신입자들이 자기 재산을 기증한 데서 왔다. 일부 신자들은 자급자족하려고 일해서 돈을 벌긴 했지만, 이것 역시 개인이 공유의 여부를 결정하는 개인적인 소득일 뿐이었다.

공동의 기업들이 존재했을지도 모르지만 성경에는 언급되지 않았고, 어쩌면 사소한 역할밖에 하지 못했을 수도 있다. 그런 기업의 상대적 부재는 공동체들이 장기간 자급자족할 수 있는 수단이 없었음을 의미했고, 따라서 그들은 새로운 회심자들의 기부에 의존할 수밖에 없었다. 이는 세월이 흐르면서 긴장을 초래했다. 부유한 기부자들을 특별히 대우했을 테고, 일을 하도록 동기를 유발하지 못했을 것이다.

바울이 쓴 다음과 같은 대목은 공유재산의 붕괴를 묘사하고 있다. "[우리는] 누구에게서든지 음식을 값없이 먹지 않고 오직 수고하고 애써 주야로 일함은 너희 아무에게도 폐를 끼치지 아니하려 함이다"(살후 3:8). 이로 보건대, 당시는 바울과 같은 귀빈이 대접을 거절했을 만큼 궁핍했던 것 같다. 이는 오순절 뒤의 풍성함과 사랑과는 거리가 먼 상황이었다.

회의주의자들은 초기 신자들이 가난의 영구적인 제거에 실패한 사건을 오직 경쟁 모델만이 효과가 있다는 증거로 삼을지도 모른다. 경쟁이 얼마나 나쁜 결과를 초래하는지를 무시하면서 말이다. 그러나 우리는 협동의 한계를 잘 모르겠고, 하나님이 우리에게 그것을 알아보라고 제안하시는 듯하다. 우리는 적어도 사도행전에 묘사된 성경적인 이상을 향해 가도록 노력해야 한다. 어쨌든 어느 길이 곧장 최종 목표로 인도하지 않는다고 해서 그 길을 따라 걷는 일이 불가능하다거나 바람직하지 않다고 결론을 내리면 안 된다.

만일 인간 본성이 본래 비협조적이고 그런 이상적인 사회가 이 세상에 존재할 수 없다면, 어째서 그들은 오순절에 베드로의 가르침을 들은 뒤에 갑자기 모든 소유물을 나누기 시작했을까? 우리는 베드로가 말한 내용을 모르지만, 성령께서 그들을 과감한 방향으로 움직이신 것은 알고 있다. 초기 신자들이 문자 그대로 이 땅 위에 하늘을 건설하려고 노력했다는 것은 의심의 여지가 거의 없다. 최초의 시도가 실패로 끝났을지라도 초기 그리스도인들이 놀라운 비전을 품었다는 사실은 조금도 퇴색되지 않는다. 가난이 없는 협동적인 세계는 어쨌든 달성하기가 무척 어려운 멋진 아이디어이다. 그것은 기적이 일어나기를 기다리는 떡과 물고기와 비슷한 것일지도 모른다.

협동조합은 예수의 사회적 가르침을 모두 포착하는 것은 아니지만 하나의 출발점이다. 협동조합들은 이보다 고상한 형태를 세울 수 있는 토대를 마련해 주고, 신자들 사이에 존재하는 상충되는 필요, 곧 자유의지의 존중과 사회적 통합의 유지 간에 균형을 잡게 해준다. 우리는 우리와 같은 신앙을 가진 사람들—이들을 넓거나 좁게 규정하는 것은 우리에게 달려 있다—과 협동적인 네트워크를 만들 수 있는 한편, 다른 신앙을 가진 사람들이 그들 나름의 네트워크를 만들도록 허용할 수 있다. 궁극적인 목표에 대해선 의견을 달리할 수 있지만 우리가 나아가야 할 방향은 명약관화하다. 우리는 오랜 세월 몸에 밴 나쁜 습관을 벗어야 하므로 많은 시행착오를 겪을 것이다. 하지만 우리가 이 땅을 협동적인 천국으로 만들지, 아니면 경쟁적인 지옥으로 만들지는 우리가 결정할 사안이다.

비록 협동이 초자연적인 변화를 초래하지는 않을지라도 협동이 주는 유익은 모두에게 명명백백하다. 특히 그리스도인들에게는 더욱 분명해야 하는데, 우리는 매주 탐욕의 죄를 피하고 이웃을 사랑하라는 권고를 받으며, 이웃을 희생시키면서 자기의 이익을 챙기는 세상으로 보냄을 받기 때문이다. 기독교 가치관에 기초한 협동의 시스템을 만듦으로써 일요일 아침과 월요일 아침 사이의 단절을 줄일 수 있을 것이다. 그 결과 기독교적 가치관을 더욱 통합적으로 실천하고, 더욱 통일성 있는 공동체를 만들고, 이 가치관을 좀 더 강하게 지지하게 될 것이다. 요컨대 우리가 선(善)을 어떻게 정의하든 간에 선하게 되는 일이 좀 더 수월해질 것이다.

겨자씨를 닮은 성장

∙▪∙∙

이상주의를 품고 시작한 모든 조직은 결국 애초의 생명력과 유연성을 잃고 만다. 워싱턴과 제퍼슨은 미합중국이 마침내 예전의 대영제국과 같은 위치를 차지하게 될 것을 전혀 예상치 못했다. 마르크스와 레닌은 자기네가 착수한 사회 실험이 낳은 결과를 보고 깜짝 놀랐을 것이다. 이런 이상주의자들이 만일 장래에 일어날 일을 미리 알았더라면 그들의 야망은 풀이 꺾이고 말았을 것이다.

부패를 도무지 피할 수 없기 때문에 중생이 반드시 필요하다. 이상주의가 계속 실패하는 것을 보고 사람들은 본래 악해서 우리가 손을 대는 모든 것이 결국 망가질 것이란 식으로 얼마든지 합리화할 수 있다. 설사 그게 사실이라도 우리는 그런 성향을 바꾸려고 노력하지 않으면 안 된다. 우리가 완벽하게 작동하는 시스템을 만들 수 없을지는 몰라도 현 시스템의 해로운 문제점에 대처하도록 서로서로 도울 책임이 있다.

여기서 우리는 겨자씨를 통해 배울 교훈이 있다. 이 씨앗의 목표는 세상에 필요한 모든 겨자를 공급할 수 있는 단 하나의 겨자 식물이 아니다. 겨자씨의 목적은 제각기 성장하고 적응하고 중생할 수 있는 더 많은 겨자씨들을 만드는 것이다.

우리에게 필요한 시스템은 스스로 불멸하는 시스템이 아니라, 중생에 바탕을 둔 시스템, 다음에 오는 것에게 자리를 마련해 주려고 스스로 경작하는 부분들에 바탕을 둔 시스템이다. 우리의 몸이 나이를 먹고 약화되듯이 사회단체들도 마찬가지다. 우리는 대대로 이어질 협동조합을 계획하여 한 세대의 교훈이 다음 세대로 전수될 수 있게 해야 한다. 마을들이 소도시로, 소도시들이 대도시로 성장하는 것과 같은 방식으로 우리의 노력은 갈수록 더 복잡하고 유용한 결과를 낼 수 있다.

겨자씨와 같이 협동조합은 여러 모습으로 성장한다. 협동조합들은 공통된 특징이 있으나 똑같은 것은 없다. 우리는 여러 본보기를 살펴보고, 하나님이 우리가 속한 나무 부위에서 행하시는 일을 위해 가장 적합한 것을 찾고, 무언가 새로운 것을 엮어낼 수 있다. 우리는 제각기 독특한 방식으로 겨자의 특성을 포착하는 멋진 작품을 창조할 수 있다. 우리는 최대한 멀리 또 빨리 움직여서 남들이 좇아올 수 있는 발자국을 남길 수 있다. 우리가 마침내 무엇을 창조해 낼지는 몰라도, 성경이 말하는 협동의 원리를 사용하면 지금보다 나은 것을 만들 것이란 믿음은 품을 수 있다.

어쩌면 내가 너무 상세하게 논했을지도 모르지만 이 책의 기본 주장은 명백하다. 성경이 분명히 보여주는 바는 하나님이 우리의 자본주의 제국이 허용하는 것보다 훨씬 폭넓게 권력과 자원을 나누는 방식으로 조직하는 일을 선호하신다는 것이고, 협동조합이야말로 이런 방향으로 움직이는 좋은 본보기를 제공한다는 것이다.

이제는 움직일 때다

우리는 새로운 곳으로 다 함께 움직이는 방법을 찾아야 하는데, 철새들 사이에서 볼 수 있는 역학이 좋은 은유를 보여준다.

새 무리 내의 한 집단이 종종 온 무리가 준비를 갖추기 전에 먼저 출발한다. 이 행동은 온 무리가 아직 움직일 준비가 되지 않았어도 그들의 움직임을 촉발한다. 모든 새가 움직임이 시작되고 있다는 것을 알아챈다. 그때 이 지도자들과 비전가들은 선택의 기로에 선다. 그들은 먼저 그들과 같은 동기를 품은 새들과만 함께 움직이고 나머지는 내버려 둘 수 있다. 이것이 처음에는 쉬운 길이지만 어디까지나 지름길일 뿐이다. 이는 더 작고 더 약한 여행객 집단을 만드는 한편, 남아 있는 더 큰 집단에서 리더십을 제거하는 결과를 초래한다.

혹은 기다릴 수 있다. 주위를 빙빙 돌면서 계속 출발하자고 부추기며 필요한 만큼 이런 움직임을 반복할 수 있다. 그들은 결국에는 나머지 새들도 합류할 것임을 알고 있다. 누구나 이 점을 알고 있다. 다른 새들은 미처 준비가 되지 않았어도 그들의 끈질긴 촉구로 자극을 받아 전반적으로 에너지 수준이 높아질 것이다. 움직임이 생길 때마다 힘과 자신감이 더해져서 마침내 하늘은 온통 셀 수 없이 많은 날개들로 가득하게 되리라.

새 무리는 안절부절못하는 상태다. 지금은 편할지 모르지만 폭풍이 오고 있고 갈 길은 멀다. 떠날 때임을 마음 깊숙이 알고 있으나, 모두가 다른 누군가 움직이길 기다리고 있다. 우리는 용기를 품고 부단히 더 따스한 땅을 바라보며, 위대한 변화가 올 것이란 믿음을 가져야 한다.

10

결론

어디에 씨앗을 심을 것인가?

약속의 땅에 이르는 길은 멀고멀지만 협동조합 설립은 그 첫걸음이 된다. 이 책이 당신에게 행동을 취하도록 감동을 주고 그 행동에 열매가 있을 것이란 확신을 심어 주었기를 바란다. 지금은 읽는 동안 감동받고 책장에 올려놓아 기억에서 사라지는 책을 쓸 때가 아니다. 지금은 행동을 취하고 행동하도록 도울 때다. 이제 이 책을 마무리하면서 협동조합의 조직과 관련하여 몇 가지 제안을 하고 싶다.

이것은 손쉽게 읽을 만한 원리 목록이나 간단한 작업표가 아니다. 몬드라곤과 같은 조합을 시작하는 것은 물론이고 공구를 공유하는 단순한 조합을 만드는 데도 많은 작업이 필요하다.

어떻게 하면 텅 빈 슈퍼마켓을 공동체 소유의 상점으로 바꿀 수 있을까? 어떻게 하면 황폐한 가옥을 주민들의 소유라서 그들이 애

틋하게 돌보는 장소로 변모시킬 수 있을까? 어떻게 하면 지역사회에서 필요로 하는 것을 알아채고 그것을 구체적인 협동조합으로 채워갈 수 있을까?

협동조합을 시작할 때에는 당신이 다루고자 하는 큰 그림을 이해하는 일이 매우 유익하다. 이로써 참여자들은 그 프로젝트의 범위를 이해하고 스케줄에 대해 현실적인 기대감을 품을 수 있다. 이 큰 그림은 또한 발전 과정이 순조롭게 진행되도록 돕는다. 이는 실제로 그림을 그리는 방식과 비슷하다. 말하자면, 먼저 전반적인 윤곽을 잡고 나서 세부 사항을 채우는 것이다.

진행 방법에 대한 공동의 모델이 있으면 당장 중요한 일에 초점을 맞추기가 훨씬 쉽다. 예컨대 위치와 배치도를 의논하는 데 지나치게 에너지를 쏟기 전에 그 협동조합으로 정확히 무엇을 하려고 하는지를 정하는 것이 중요하다. 이야기의 흐름이 더욱 세부적인 결정으로 흘러갈 때, 좀 더 큰 과정을 상기하고 당장 할 일에 다시 주목하는 것이 좋다.

이 과정에 필요한 모델이 많이 있는데, 여기에 묘사한 것이 반드시 최상의 것은 아니다. 하지만 당신의 그룹이 초점을 잃지 않도록 하는 데는 유익을 줄 것이다. 이런 지침이 있을 때에야 당신이 하고 있는 일의 중요성을 깨닫게 되고, 그것이 큰 그림에 어떻게 들어맞는지를 볼 수 있다. 이어지는 내용은 협동조합을 위한 출발점을 제공할 것이다.

이것은 내가 협동조합 기획 집단들과 함께 일한 경험을 바탕으로 작성한 개관이다. 이 단계들은 당신이 탈선하여 흔한 함정에 빠지지 않도록 도와줄 것이다.

협동조합 개발에 관한 자원은 대단히 많다. 온라인 자원, 훈련 코스, 협의회, 협동조합형 사업을 자문하는 기관 등. 이런 자원들을 찾으려면 http://www.bookofacts.info를 참고하거나 인터넷에서 '협동조합 개발'(cooperative development) 내지는 '협동조합'(cooperatives)을 검색해 보면 된다.

아래에 나오는 윤곽은 앞길에 대한 기본적인 이해를 도모하고 각단계에 의논할 질문들을 제공할 것이다. 이런 단계들은 폭넓은 개관에 불과해서 전문가의 도움을 받으면 성공할 확률이 높아질 것이다. 많이 알면 알수록 더 낫다.

비전을 발견하라

협동조합은 그 본질상 조합원들의 비전과 견해에 달려 있기 때문에 어떤 형태나 방향을 취할지는 예측할 수가 없다. 그러므로 다채로운 개인적 비전들을 단 하나의 집단적 비전으로 정리하여 다음과 같은 질문에 답하는 일이 중요하다.

- 무엇을 필요로 하는가?
- 어떻게 이 필요를 충족시킬 수 있는가?
- 취할 수 있는 대안은 무엇인가? 협동조합이 최상의 모델인가?
- 이해관계가 걸린 당사자들(때로는 출자자라고 불리는)은 누구인가?

- 잠재적인 협력자들은 누구인가?
- 사업 환경은 어떠한가?
- 포용적이 될 것인가, 아니면 배타적이 될 것인가?

일단 당신이 설립하려는 것을 개관한 뒤에는 인터넷을 이용하여 이미 어떤 모델들(예컨대 '카펫 협동조합'이나 '보트 협동조합')이 있는지 알아보고 싶을 것이다. 앞에서 소개한 www.bookofacts.info 에는 신앙 중심적 협동조합의 목록이 갈수록 늘고 있으며, 당신이 세속적인 협동조합들과 함께 일할 생각이 없더라도 거기에서 귀중한 본보기들을 발견할 수 있을 것이다.

당신의 마음이 정말 감동을 받아서 당신 나름의 몬드라곤을 설립하고 싶다면 인내심을 품으라. 세계적인 협동조합 시스템들은 하나같이 단 하나의 협동조합으로 시작했다. 여러 개의 협동조합을 잘 다루려고 애쓰기에 앞서 첫 번째 프로젝트를 출범시키는 데 초점을 맞춰야 할 것이다. 그렇지만 처음부터 이윤의 일부를 이용해 더 많은 협동조합을 개발하기로 결정함으로써 기반을 다질 수는 있다. 이는 공동의 비전을 창조하는 일을 좀 더 복잡하게 만들기는 하지만, 일찍부터 이런 공감대를 형성하는 것이 필요하다.

협동조합을 기획하는 그룹들은 다양한 비전들을 접할 가능성이 크기 때문에 초기에 집단적 목표에 대해 명확한 이해를 도모하는 것이 좋다. 무엇을 할지에 대한 동의만 잘 이루어져도 목표에 대한 오해로 말미암는 분열을 피할 수 있을 것이다. 당신의 그룹에 속한 다른 사람들이 그 프로젝트에 대해 어떤 생각을 품고 있는지에 대해 막연히 추정하지는 말라.

조직을 갖춰라

∎⬝∎∎

일단 당신의 협동조합이 충족해야 할 필요를 파악한 뒤에는 좋은 구조가 함께 일할 수 있는 토대를 마련해 줄 것이다. 조직과 관련하여 자문해야 할 질문은 다음과 같다.

- 의사 결정은 어떻게 내리고, 어떻게 소통하고 기록할 것인가?
- 누가 어떤 종류의 결정을 내릴 것인가?
- 당신에게 필요한 위원회들과 역할들은 어떤 것인가?
- 어떤 책임과 결정을 누구에게 위임할 것인가?
- 당신의 협동조합은 어떤 법적 형태를 취할 것인가?

어떻게 의사 결정을 해야 할지에 대한 자료는 온라인이나 다른 곳에도 대단히 많이 나와 있다. 회의 과정에 관해 어느 정도 연구 조사를 하기를 강권한다. 아울러 회의를 할 때마다, 특히 결정 사항과 책임 소재는 반드시 기록하여 차후에 참고하도록 하라.

현실을 점검하라

∎⬝∎∎

당신의 협동조합이 교회와 별개의 조직이 되려면 지속가능한 사업이 될 필요가 있다. 그러므로 당신의 협동조합이 재정적으로 자립할 수 있는지 여부를 잘 판단해야 한다. 이 과정에서 실행 가능성을 검토해 주는 외부 전문가를 고용하여 당신의 사업이 성공할 가능성이 있는지 판단해 보는 것이 좋다. 비용이 많이 들 수도 있지만 매우 중요한 과정이다. 그냥 추진하다가 실패할 경우에는 훨씬 많은 돈을 잃을 수 있고, 서로를 사랑하는 일이 더욱 어려워질 것이다.

실행 가능성 연구는 다음과 같은 문제를 다룰 것이다.

- 이 지역의 인구 통계적 특성은 어떠한가?
- 경쟁상대는 누구인가?
- 사업을 시작하는 데 얼마만큼의 자금이 들겠는가?
- 현금의 흐름은 어떻게 계획하는가?
- 어떤 장소가 적합하고 임대료는 얼마인가?

실행 가능성을 연구해 보면 계속 추진해야 할지 여부를 정할 수 있다. 실행 가능성이 희박하다면 그 프로젝트를 다시 설계할 필요가 있다.

조합원을 구하라

이미 비공식적인 조합원들을 확보했겠지만 지금은 사업 자금을 더 마련하기 위해 적극적으로 추가 조합원과 출자금을 찾을 시점이다. 이 단계는 실행 가능성 연구를 사업 계획으로 전환하는 일을 포함하는데, 이는 당신이 당신의 협동조합에서 가능한 결과를 성취할 수 있는 법을 알고 있음을 보여준다. 많은 사람은 돈이나 시간을 투자하기 전에 사업 계획을 보고 싶어 할 것이다. 사업 계획의 초안을 만드는 데 필요한 몇 가지 질문은 다음과 같다.

- 얼마나 많은 조합원을 모집할 것인가? 자금을 얼마만큼 모을 것인가?
- 조합원 자격을 명확히 결정하고 제시했는가? 여기에는 주가, 지급 방법, 조합원의 권리와 책임, 주가의 등급, 철회 내지는 판매 등을 포함해야 한다.
- 조합원의 기여도를 어떻게 산정할 것인가? 이는 아주 중요하다.
- 조합원의 대출이나 기부를 통해서는 어떤 식으로 기금을 확보할 것인가?

당신은 기금 중 상당 부분—아마 절반가량—을 조합원으로부터 확보해야 할 것이다. 하지만 일단 조합원의 자금과 다른 기금을 확보한 뒤에도 돈을 더 빌려야 할지도 모른다. 탄탄한 사업 계획이 필수적이다. 은행들은 협동조합에 대해 생소해하겠지만 당신의 분명한 사업 계획은 설득력이 있을 것이다. 신용조합은 종종 사업 자금을 대출해 주지 않지만 가능성이 있는 은행을 소개해 줄 수도 있다.

씨를 뿌려라

∴∙∙

일단 자금을 확보하게 되면 마지막으로 계속 추진할지 여부를 결정하게 된다. 이는 아주 길고도 복잡한 값비싼 단계이다. 그래서 최대한 전문가의 도움을 받아야 한다. 개업 단계에 진입하기 전에 다음과 같은 질문에 답할 필요가 있다.

- 경영자에게 필요한 자격은 무엇인가? 후보는 누구인가?
- 개업 과정을 감독할 별도의 프로젝트 관리자를 원하는가?
- 어떤 시설과 장비가 필요한가? 건물 수리 작업은 어떻게 진행할 것인가?
- 회계와 관리 기능은 어떻게 할 것인가?
- 당신의 운영 정책은 무엇인가?
- 언제 개업하고 싶은가? 이는 단계별로 할 수도 있지만 심사숙고할 필요가 있다.

보통은 개업하기까지 한두 해가 걸리는데, 목표일을 변경해야 할 경우도 있다.

어떤 사업을 시작하든지 신중한 기획이 필요하다. 특히 협동조합은 개인 기업이 직면하지 않는 어려움을 추가로 안고 있다. 길고도 힘겨운 길이 기다리고 있음을 알라. 그러나 낙심하지는 말라. 수많은 동반자가 있기 때문이다. 우리와 계속 접촉하고(www.bookofacts.info), 이메일(info@bookofacts.info)을 보내도 좋다. 나는 자원이 계속 발굴될 때마다 자료를 올릴 생각이다.

이제 나는 바통을 여러분에게 넘겨주겠다. 여러분이야말로 하나님이 여러분의 지역에서 하고 계신 일을 알고 있고, 협동을 적용하는 법도 알고 있기 때문이다. 여러분은 여러분이 받은 소명에 따라 무언가를 세울 자원과 지식을 갖고 있다. 당신의 손 안에 씨앗이 하나 있다. 이제 그것을 어디에 심을 것인가?

감사의 글

—

나 혼자의 힘으로는 도무지 이 책을 완성할 수 없었기에 이 작업에 기여한 모든 사람에게 감사를 돌려야 마땅하다. 그렇지만 너무 많아서 일일이 거명할 수 없는 점을 이해해 주시기 바란다. 여러분의 지원과 피드백과 격려에 심심한 고마움을 표하는 바이다. 그래도 몇 사람만은 꼭 밝혀야겠다.

먼저 이 책에 언급한 여러 프로젝트에 참여한 모든 이들에게 깊은 감사를 드린다. 여러분의 비전과 용기와 수고가 없었다면 내가 쓸 만한 내용이 별로 없었을 것이다. 이 책의 집필 과정에 여러분과 개인적인 교류가 있었더라면 더 좋았을 테지만 조만간에 만나게 되기를 기도드린다.

하나님은 협동조합을 좋아하신다는 말과 더불어 세례 요한을 시의 적절하게 상기시켜 준 짐 슐러프에게 감사한다. 부탁을 받고 자신의 성경을 전해준 멘디 루가와 내게 필요한 다른 책을 건네준 스테파니 리처드에게도 감사를 전한다.

이 책의 씨앗에 해당하는 글을 편집해 주고, 그 글이 훨씬 큰 그 무엇의 시작에 불과하다고 말해준 조너선 윌슨하트그로버에게 감사한다.

내가 원고 마감을 위해 집필 휴가를 보내는 동안 부딪힌 여러 어려움을 해결해 주고, 편집과 후원과 인내로 지지해 준 부모님과 누이 엘리자베스에게 고마움을 표한다.

이 완제품이 나오기 전에 쓴 여러 글을 읽고 논평해 준 친구들과 교인들에게 감사한다. 하도 많아서 모두 거명할 수는 없지만 특히 사려 깊은 피드백을 해준 벤 드라이푸스거스와 필 오웬, 연구조사를 잘 지도해 준 로라 스완은 꼭 언급해야겠다.

그리고 내가 협동조합의 혁신적 잠재력을 깨닫고 이 분야에서 경력을 쌓도록 도와준 많은 동료들과 친구들에게도 감사한다. 그중에서도 특히 격려와 지원을 늘 아끼지 않았던 제니퍼 레인볼트, 미간 셀비지, 톰 피어선, 마거릿 보에게 감사한다.

끝으로(그리고 첫 번째로!) 이 책이 탄생하기까지 온갖 섭리를 베풀어 주신 분, 그토록 큰 유머 감각을 지니신 하나님께 감사하지 않을 수 없다.

주

머리말

1. 이 웹사이트는 http://www.bookofacts.info이다.

1_ 거룩한 협동: 성경적인 조직 방식

1. Bell, *Velvet Elvis*, 164. 《당당하게 믿어라》(두란노 역간).
2. International Cooperative Alliance, "Cooperative Identity."
3. National Cooperative Business Association, "Co-op Statistics."
4. Mondragon Cooperación Cooperativa. "Most Relevant Data." 다음 자료 도 보라. Morrison, *We Build the Road*.
5. Desjardins, "Desjardins Figures."
6. Confederazione, "Global Figures."

2_ 사사들과 왕들: 구약성경이 들려주는 지도자와 통치자 이야기

1. 정의에 관한 예언이 나오는 단락들을 몇 가지 열거하면 다음과 같다. 사 5:1- 17; 26:1-6; 33:14-24; 58:1-12; 렘 5:20-31; 22:1-5; 겔 22:23-29; 암 2:6-8; 5:10-24; 미 2:1-11; 합 2:1-14; 슥 7:8-14; 말 3:1-5.

4_ 교회를 위한 지침: 에클레시아의 발굴

1. Atkerson, *House Church Theology*, 63.
2. 할 밀러는 이렇게 말한다. "여기서 '순종하다'로 번역된 그리스어 단어 **후파코 우오**(hupakouo)의 용법을 조사해 보면, 우리가 하나님, 복음(롬 10:16), 그리 고 사도들의 가르침(빌 2:12; 살후 3:14)에 순종해야 한다는 것을 알 수 있다. 자녀들은 부모를, 종들은 주인을 순종해야 마땅하다(엡 6:1, 5). 그런데 신자 들은 교회 지도자들을 순종해야 하는가? 신약의 저자들은 의도적으로 그렇다 고 말하는 것을 피했다." 히브리서 13장 17절은 "'설득하다'라는 뜻을 지닌 **페 이소**(peitho)"를 사용하고 있다. 이는 "스스로가 설득되도록 허용한다"는 의미 이다. 그리고 이 문장에 나오는 두 번째 동사는 **후페이트코**(hupeitko)로서 "한 사람이 순복하는 어느 구조가 아니라 굴복한 뒤의 싸움을 의미한다"고 그는 말

한다. 이 이미지는 심각한 토론의 모습, 한편이 양보한 뒤에 주고받는 의견교환의 모습이다"(Miller, "As He Doth Serve," 74-79).

3. 예컨대 게리 윌즈는 이 책들은 그 기원이 불확실한 것으로 널리 간주된다고 말하며, "분명히 바울의 것이 아닌 상황과 관점에서 기록된" 것으로 묘사하고 있다(Wills, *What Paul Meant*, 16).

4. Schaeffer, *Christian Manifesto*, 103-116. 《기독교 선언》(생명의말씀사 역간).

5_ 감춰진 분열: 교회는 어떻게 세속 권력이 되었는가?

1. Arnold, *Early Christianity*, 38.
2. 위의 책, 117에서 재인용.
3. 위의 책, 16.
4. 위의 책, 237.
5. Collins and Price, *Story of Christianity*, 65. 《사진과 그림으로 보는 기독교 역사》(시공사 역간).
6. Waddell, *Desert Fathers*, xiii-xiv.
7. King, "Origin and Spread," 141-142.
8. Rausch, *Radical Christian Communities*, 12.

6_ 갱신과 반란: 하늘을 땅에 이루기

1. Coulton, *Medieval Village*, 142.
2. 위의 책, 76.
3. Wilhelm, "Hussites."
4. Wilhelm, "Bohemian Brethren."
5. Coulton, *Medieval Village*, 353.
6. 위의 책, 364-367.
7. Tawney, *Religion*, 36-44.
8. 위의 책, 41.
9. 위의 책, 35.
10. Gilliat-Smith, "Beguines and Beghards."
11. Holloway, *Heavens on Earth*, 27.
12. Tawney, *Religion*, 115.
13. 위의 책, 117.
14. 위의 책, 124.

15. Winstanley et al., *True Levellers*.

16. 위의 책.

17. Collins and Price, *Story of Christianity*, 185.

18. 위의 책, 190.

19. Holloway, *Heavens on Earth*, 186.

20. Hutterian Brethren, "Organizational Structure."

21. 위의 글.

22. Committee on World Literacy, *A Christian's Handbook*, 8.

23. North, "Capitalism and the Bible."

24. Hebblethwaite, *Base Communities*, 166. 다음 자료들도 보라. John XXIII's *Pacem in Terris*, Paul VI's *Populorum Progressio*, and John Paul II's *Laborem Exercens and Sollicitudo Rei Socialis*.

25. Pope John XXIII, *Mater et Magistra*, 82-83번째 단락.

26. 위의 책, 90번째 단락.

27. Pope John Paul II's *Laborem Exercens*, 14번째 섹션.

28. Coady International Institute, "Coady History."

29. Committee on World Literacy, *A Christian's Handbook*, 76-77.

7_ 새로운 친교: 현대 기독교 협동조합의 본보기들

1. Christian Healthcare Ministries, "How it works."

2. Medi-Share, "Frequently Asked Questions."

3. Green Field Farms, "Certification Guidelines."

4. Goodvill Mutual, "History of the Company."

5. Heffern, "Local Food."

6. Oklahoma Food Co-op, "Join."

7. Community Food Co-op of Utah, "Find a Co-op Team."

8. New Monasticism, "12 Marks."

9. Stock, *Inhabiting the Church*, 27.

10. Byassee, "New Monastics."

11. Doyle, "Breaking Dumpstered Bread Together."

12. Bartimaeus Cohousing at Meadow Wood. Online: http://www.bartcommunity.org.

13. 다음 웹사이트를 참고하라. http://jpusa.org/meet.html

14. Jesus People USA, "Frequently Asked Questions."

15. Confederazione Coopeativa Italiane, "Global Figures."
16. Organization for Economic Cooperation and Development, "Trentino Co-operative System."
17. Mondragon, "Most Relevant Data."
18. Morrison, *We Build the Road*, 172.
19. Herrera, "Mondragon."
20. Regan, "Roasting Revolution."
21. Divine Chocolate, "Kuopa Kokoo."
22. 위의 글.
23. Oikocredit, "Facts and Figures."

8_ 협동조합의 원칙: 협력의 기회와 걸림돌

1. International Cooperative Alliance, "Cooperative Identity."
2. Organic Valley, "Green Field Farms."
3. Medi – Share, "What is Medi – Share?"
4. Bilezikian, *Community 101*, 103. 《공동체》(두란노 역간).
5. 위의 책, 124.
6. 여성의 리더십 역할에 관해서는 롬 16:1-3; 골 4:15; 딤후 4:19을 보라.
7. Swan, *Forgotten Desert Mothers*, 120.
8. International Cooperative Alliance, "Statement on the Cooperative Identity."
9. Sontag Bradley, "ZCMI."
10. Brady, "Church Participation in Business."

9_ 거듭난 경제: 현대 세계에서의 협동의 역할

1. Ababakar, "Common Word."
2. Attridge, "Loving God and Neighbor Together."
3. 다른 전통의 협동적인 활동에 관해서는 www.bookofacts.info를 참고하라.
4. www.irfwp.org/links.html
5. Interfaith Business Builders, "About Us."
6. Huxford, "How Communal Is Community," 23.

참고 문헌

Ababakar, Muhammadu Sa'ad, et al. "A Common Word Between Us and You." Online: www.acommonword.com.

Alexander, David, and Pat Alexander, editors. *Zondervan Handbook to the Bible*. 3rd edition. Grand Rapids: Zondervan, 1999.

Amana Colonies. "The Amana Colonies Story." Online: http://www. amanacolonies.org/history.htm.

Arnold, Eberhard, editor. *The Early Christians in Their Own Words*. Translated and edited by the Society of Brothers. Farmington, PA: Plough, 1970.

Atkerson, Steve, editor. *Toward a House Church Theology*. Atlanta: New Testament Restoration Foundation, 1996.

Attridge, Harold W., et al. "Loving God and Neighbor Together: A Christian Response to 'A Common Word Between Us and You.'" Online: www.yale. edu/faith/about/abou-commonword.htm.

Baranowski, Arthur R., in collaboration with Kathleen M. O'Reilly and Carrie M. Piro. *Creating Small Faith Communities: A Plan for Restructuring the Parish and Renewing Catholic Life*. Cincinnati: St. Anthony Messenger, 1988.

Bell, Rob. *Velvet Elvis: Repainting the Christian Faith*. Grand Rapids: Zondervan, 2005.

Berryman, Phillip. *Liberation Theology: The Essential Facts about the Revolutionary Movement in Latin America - and Beyond*. New York: Pantheon, 1987.

Bilezikian, Gibert G. *Community 101: Reclaiming the Church as a Community of Oneness*. Grand Rapids: Zondervan, 1997.

Bonhoeffer, Dietrich. *Life Together*. Translated, and with an introduction by John W. Doberstein. New York: Harper, 1954.

Brady, Rodney H. "Church Participation in Business." *About Mormons*.

Online:http://www.lightplanet.com/mormons/daily/business/Church_
EOM.htm.

Brewin, Kester. *Signs of Emergence: A Vision for the Church That Is Organic/Networked/Decentralized/Bottom-Up/Communal/Flexible/Always Evolving.* Grand Rapids: Baker, 2007.

Byassee, Jason. "The New Monastics." *Christian Century*, October 15, 2005. Online: http://www.christiancentury.org/article.lasso?id=1399.

Chadwick, Owen. *A History of Christianity.* New York: St. Martin's, 1996.

Christian Healthcare Ministries. "How it works/How To Join." Online: http://www.cbnews.org/howitworks.asp.

Church of the Sojourners. "Who We Are." Online://www.churchofthe-sojourners.org/who.

Claiborne, Shane. *The Irresistible Revolution: Living as an Ordinary Radical.* Grand Rapids: Zondervan, 2006.

Coady International Institute. "Coady History." Online: http//www.coady.stfx.ca/history.cfm.

Collins, Michael, and Matthew A. Price. *The Story of Christianity: A Celebration of 2000 Years of Faith.* New York DK Publishing, 1999.

Committee on World Literacy and Christian Literature. *A Christian's Handbook on Communism.* 3d edition. New York: National Council of the Churches of Christ in the U.S.A. Office of Publication and Distribution, 1962.

Community Food Co-op of Utah. "Food Co-op Basics: Our Mission." Online: http://www.crossroads-u-c.org/cfc/the_basics/our_values.html.

_____. "The Community: Find a Team." Online: http://www.crossroads-u-c.org/cfc/the_community/find_coop_team.html.

Confederazione Cooperative Italiane. "Global figures (December 31, 2003)." Online: http://www.confcooperative.it/C6/Global%20Figures/default.aspx

Coulton, G. G. *The Medieval Village.* New York: Dover, 1989.

Dalton, George, editor. *Tribal and Peasant Economics: Readings in Economic Anthropology.* American Museum Sourcebooks in Anthropology. Garden City, NY: The Natural History Press, 1967.

Denlinger, A. Martha. *Real People: Amish and Mennonites in Lancaster*

County, Pennsylvania. 3rd edition. Scottdale, PA: Herald, 1984.

Deseret Management Corporation. "Mission Statement." Online: http://www. deseretmanagement.com/?nid=3

Desjardins. "Desjardins figures." Online: http://www.desjardins.com/en/a_ propos/profil/difference/chiffres.jsp

Divine Chocolate. "Kuapa Kokoo." Online: http://www.divinechocolate.com/ about/kokoo.aspx

Doyle, Amanda E. "Breaking Dumpstered Bread Together." Online: http:// www.thecommonspace.org/2003/01/communities.php

Ellul, Jacques. *The Subversion of Christianity.* Translated by Geoffrey W. Bromiley. Grand Rapids: Eerdmands, 1986.

Fellowship for International Communities. International Communities Directory. "Temescal Commons Cohousing." Online: http://directory. ic.org/records/?action=view&page=view&record_id=6221

Gilliat-Smith, Ernest. "Beguines and Beghards." Online: http://www. newadvent.org/cathen/02389c.htm

Goodville Mutual. "History of the Company." Online: http://www.goodville. com/aboutus/history.cfm

Green Field Farms. "Certification Guidelines (Revised July 13, 2005)." Online: http://www.gffarms.com/about.asp?section=83&page=883

Hebblethwaite. Margaret. *Base Communities: An Introduction.* London: Geoffrey Chapman, 1993.

Heffern, Rich. "Local Food." *National Catholic Reporter,* September 14, 2007. Online: http://ncronline.org/NCR_Online/archives2/2007c/091407/ 091407m.php

Herrera, David. "Mondragon: A For-Profit Organization That Embodies Catholic Social Thought." In "Catholic Social Thought and Management Education", Special issue, *St. John's University Review of Business* 25 (2004) 56-68. Online: http://www.stjohns.edu/media/3/998412b80a354 217a89c869400427929.pdf

Holloway, Mark. *Heavens on Earth: Utopian Communities in America.* New York: Dover, 1966.

Hutterian Brethren Schmiedeleut Conference. "Organizational Structure of a Hutterian Community." Online: http://www.hutterites.org/

organizationStructure.htm.

Huxford Samuel. "How Communal is Community." Walker Lecture. European Evangelistic Society North American Christian Convention 25, June 29, 2006. Online: http://www.eesatlanta.org/files/walker/nacc25_huxford. pdf

Interfaith Business Builders. "About Us." Online: http://www.interfaith-businessbuilders.org/about.php

International Cooperative Alliance. "Statement on the Cooperative Identity (1995)." Online: http://www.ica.coop/coop/principles.html

Jesus People USA. "Frequently Asked Questions." Online: http://www.jpusa. org/faq.html

_____. "Meet Our Family." Online: http://www.jpusa.org/meet.html

Just Coffee. "Just Coffee Mission and Goal." Online: http://www.justcoffee. org/Company_rev3.shtml

Kimball, Dan. *The Emerging Church: Vintage Christianity for New Generations.* With commentary by Rick Warren. Grand Rapids: Zondervan, 2003.

King, C. Harold. "The Origin and Spread of Christian Monasteries". In *The Rise of Christianity,* edited by Don Nardo. San Diego: Greenhaven, 1999.

Medi-Share. "Frequently Asked Questions." Online: http://medi-share.org/ faq.aspx

_____. "What Is Medi-Share?" Accessed April 24, 2008. Online: http:// medi-share.org/what_is_medishare.aspx.

McLeod, Andrew. Book of Acts Projects. Online: http://www.bookofacts.info

_____. Notes from personal visit to Church of the Sojourners. February 2-4, 2007.

Miller, Hal. "As He Doth Serve." In *Toward a House Church Theology,* edited by Steve Atkerson, 74-79. Atlanta: New Testament Restoration Foundation, 1996.

Mirembe Kawomera. "The Peace Kawomera Cooperative." Online: http:// mirembekawomera.com/cooperative.

Mondragon Cooperación Cooperativa. "Most Relevant Data (December 31, 2006)." Online: http://mcc.es/ing/magnitudes/cifras.html

Morrison, Roy. *We Build the Road as We Travel*. Philadelphia: New Society, 1991.

Myers, Joseph R. *Organic Community: Creating a Place Where People Naturally Connect*. Grand Rapids: Baker, 2007.

Nardo, Don, editor. *The Rise of Christianity*, Turning Points in World History. San Diego: Greenhaven, 1999.

National Cooperative Business Association. "Co-op Statistics." Online: http://ncba.coop/abcoop_stats.cfm

New Monasticism. "The 12 Marks of a New Monasticism." Online: http://www.newmonasticism.org/12marks/12marks.php

North, Gray. "Capitalism and the Bible." Online: http://www.garynorth.com/public/department57.cfm

Oikocredit. "Facts and Figures (March 31, 2008)." Online: http://www.oikocredit.org/site/en/doc.phtml?p=FFNew

Oklahoma Food Co-op. "Join the Oklahoma Food Cooperative." Online: http://www.oklahomafood.coop/okfoodservice.php.

Organic Valley. "Green Field Farms and Organic Valley/CROPP Cooperative Announce Major Partnership," Press release, March 16, 2006. Online: http://www.organicvalley.coop/newsroom/article.html?cat=1&id=234

Organisation for Economic Co-operation and Developement. "Trentino Co-operative System." Online: http://www.oecd.org/dataoecd/20/23/37741957.pdf

Pagitt, Doug, and Tony Jones, editors. *An Emergent Manifesto of Hope*. Grand Rapids: Baker, 2007.

Pope John XXIII. *Mater et Magistra*. Online: http://www.vatican.va/holy_father/john_xxiii/encyclicals/documents/hf_j-xxiii_enc_15051961_master_en.html.

_____. *Pacem in Terris*. Online: http://www.vatican.va/holy_father/john_xxiii/encyclicals/ documents/hf_j-xxiii_enc_11041963_pacem_en.html

Pope John Paul II. *Laborem Exercens*. Online: http://www.vatican.va/edocs/ENG0217/_INDEX.HTM

_____. *Solicitudo Rei Sociales*. Online: http://www.vatican.va/edocs/ENG0223/_INDEX.HTM

Pope Paul VI. *Populorum Progressio*. Online: http://www.vatican.va/

holy_father/paul_vi/encyclicals/documents/hf_p-vi_enc_26031967_
populorum_en.html

Rausch, Thomas P. *Radical Christian Communities*. Collegeville, MN:
Liturgical, 1990.

Regan, Margaret. "Roasting Revolution." *Tucson Weekly*, February 8, 2007.
Online: www.tucsonweekly.com/gbase/Tools/PrintFriendly?url=%2Fgbas
e%2FMusic%2FContent%3Foid%3Doid%253A92309

Rutba House, editors. *School(s) for Conversion: 12 Marks of a New
Monasticism*. Eugene, OR: Cascade, 2005.

Schaeffer, Francis A. *A Christian Manifesto*. Wheaton: Good News, 2005.

Sonntag Bradley, Martha. "ZCMI." Online: http://historytogo.utah.gov/utah_
chapters/pioneers_and_cowboys/zcmi.html

Stock, Jon R., et al. *Inhabiting the Church*. Eugene, OR: Cascade, 2007.

Swan, Laura. *The Forgotten Desert Mothers: Sayings, Live, and Stories of
Early Christian Women*. New York: Paulist, 2001.

Tawney, R. H. *Religion and the Rise of Capitalism*. Glouchester: Harcourt
Brace, 1926.

Tyndale House Publishers. *Holy Bible: New Living Translation*. Wheaton:
Tyndale, 1996.

Waddell, Helen, translator. *The Desert Fathers: Translations from the Latin*.
With an introduction by Helen Waddell. Vintage Spiritual Classics. New York:
Vintage, 1998.

Whitehead, Evelyn Eaton, and James Whitehead. *Community of Faith:
Models and Strategies for Building Christian Communities*. Lincoln,
NE: iUniverse.com, 2001.

Wilhelm, J. "Bohemian Brethren." Online: http://www.newadvent.org/
cathen/02616a.htm

_____. "Hussites." Online: http://www.newadvent.org/cathen/07585a.htm

Wills, Garry. *What Jesus Meant*. New York: Viking, 2006.

_____. *What Paul Meant*. New York: Penguin, 2007.

Winstanley, Gerrard, et al. *The True Levellers Standard Advanced* (1649).
Online: http://darkwing.uoregon.edu/~rbear/digger.html

협동조합, 성경의 눈으로 보다

초판 1쇄 인쇄　2013년 7월 19일
초판 1쇄 발행　2013년 7월 26일

지은이 앤드류 매클라우드
옮긴이 홍병룡
펴낸이 정선숙
만든이 홍병룡 · 최규식 · 정선숙 · 이현주 · 김동규

펴낸곳 도서출판 아바서원
등록 제 110-91-30401(2005년 2월 21일)
주소 서울특별시 은평구 신사동 37-32 2층
전화 02-388-7944　**팩스** 02-389-7944
이메일 abbabooks@hanmail.net

ISBN 979-11-85066-05-9 (03320)